本当は世界がうらやむ最強の日本経済

40
35
30
25
20

Japan GDP/What Correlation?/
Deflation?/Bad Deflation?/
Rich Japan/Most Dangerous Words/
Demographic Sweet Spot/
Global Supply Side Revolution...

データで読む、
好都合な近未来!

1990 1995 2000 2005 2010 2015

Jesper Koll
イェスパー・コール

プレジデント社

目次

まえがき――なぜ世界は日本をうらやむのか……8

第1章　実は全然衰退していない日本経済……13

日本のＧＤＰは二〇年間ほぼ安定しています！……14
株価と成長率なんて何の相関性もありません！……18
日本のデフレの一体どこが悪いんですか？……23
インフレ米国の学費＆医療費＆家賃は倍々ゲームです！……28
国内の格差なんてそんなに広がっていませんよ……35
異常なバブルを超え、普通の先進国になっただけです！……40

金融政策をいくら頑張っても経済は成長しません！……45
日本にイーロン・マスクなんていりません！……50
結局、日本人って悲観論が大好きなんですよ……53

第2章 実は急上昇している日本企業の底力……59

超リッチな「知財」で世界をリードします……60
すでに造船業は復活。今後は農業も有望です！……64
株式持ち合い解消で、グローバル化にも成功しています……69
ＲＯＥは、より健全な世界基準へ近づいていますよ……73
積み過ぎ内部留保は「規制強化」で使わせましょう……76

「とりあえず主義」脱却でもっと強くなれます！……81

第3章 実は絶対に破綻しない日本国債と金融……85

マイナス金利は別にマイナスじゃありません……86
日本のメガバンクは今やアジア最大の貸し出し先です……90
戦争でも起きない限り、ハイパーインフレになりません……94
国債の海外投資家保有率上昇、むしろ安泰のサインです……98
フローで債務国になったのは、産業構造が変わったから……103
家計が赤字になるほど未来は明るくなりますよ……109
「貯蓄から投資へ」なんて信じてはいけません！……114

第4章

実はトランプ勝利で活性化する日本……117

トランプ勝利で短期的に株の買い材料がいっぱい！……118
減税で日本企業は三％の利益が見込めるでしょう……124
中間層の没落、そしてアウトサイダーだから勝利した……129
元々存在しないＴＰＰで貿易戦争なんて起こりません……134
トランプノミクス唯一の懸念は「悪いインフレ」……138
中国発、アジア通貨戦争のリスクにご注意あれ……141
フランスとドイツの政情不安で経済ダメージの恐れが……144
アメリカとフィリピンの大統領は違います！……148

第5章

少子化、五輪、AI…実は好都合な近未来……153

少子化は雇用問題を自然に解決してくれます！……154
正社員が増えることで、少子化も緩和の方向へ……161
これから生産性革命が起きて経済は成長します……165
日本型の移民政策はとっくに始まっています……168
シリコンバレー人材が日本に来たがる時代へ……173
金融なんかにこだわらず、イノベーションを起こすんです……178
移民問題は「マイスター制度」で解決します……182
トーキョーに自動運転なんて必要ありません！……186
「AI」より、「EI」で世界にアピールしましょう！……190
新幹線に乗るとわかる、素晴らしき日本型経営……196

まえがき――なぜ世界は日本をうらやむのか

みなさんは自分の国の経済をどのように評価していますか。

バブル崩壊後、日本は〝失われた二〇年〟を経験して、いまだにその傷から立ち直っていない。いつのまにか中国にGDP（国内総生産）で追い抜かれて、「経済は一流、政治は三流」のはずが経済まで二流に転落。人口減少で、将来も明るい展望は何一つない――。日本で会う人に話を聞くと、だいたいこのようなネガティブなイメージで日本経済をとらえているようです。

しかし、私から言わせるとナンセンス！

まったくの見当違いです。

日本経済は悪い状態にはありません。それどころか、同じような問題で苦しむ世界の国々にとって羨望のまなざしで見られているのです。

実は世界が日本経済をうらやむようになったのは、ここ数年のことです。その前は日本人が日本経済に抱くイメージと同じように、世界の投資家は必ずしも日本に明るい展望を抱いていませんでした。

国際金融アナリストである私は、昔から日本経済を高く評価していました。

「みんなわかっていないけど、ホントは日本の経済や社会ってすごいぞ」

このように主張すると、他のアナリストたちは、「エルビス・プレスリーが生きているって知っていた？」と言い張る人を見るかのような表情で、私に冷ややかな視線を浴びせてきました。それくらい世界のアナリストたちも日本経済について懐疑的でした。

しかし、その視線も二〇一六年あたりから大きく変わってきました。

エルビスが死んだのは動かしがたい事実だけど、日本は死んでいない！

むしろ世界の他の先進国に比べて健全じゃないか！

そんな声があちこちからあがってきたのです。

背景にあるのは、格差問題です。

アメリカはいま深刻な格差問題に悩んでいます。富は一部のお金持ちに集まって、庶民の暮らしは悪くなるいっぽう。二〇一六年の大統領選でドナルド・トランプが勝ったのも、生活に苦しむ白人労働者の怒りが根底にありました。

一方、日本はどうでしょうか。

日本国内にも格差がないわけではありません。リタイアしたお年寄りが一泊ウン十万円もする豪華寝台列車で旅行するかと思えば、職にあぶれた若者がインターネットカフェで寝泊まりしている。これはやはりいびつです。

ただ、それでも世界に比べればはるかにマシです。

純金融資産が一万ドル未満、つまり日本円にして資産が一一〇万円未満（一ドル＝一一〇円換算）の層は、アメリカに二八・一％もいます。一方、日本は九・〇％です。

逆にお金持ちはどうか。純金融資産一〇〇万ドル超（同一億一〇〇〇万円超）はアメリカ六・四％に対して、日本は二・〇％です。

つまりアメリカは裕福な層と貧困層に二極化していますが、日本はアメリカほど重症ではなく、中間層がしっかりと存在しているのです。

日本の経済・社会が安定していることは、他のさまざまな統計データからも裏づけられています。詳しくは後でご紹介しますが、数字を見れば、自分たちが悲観するほど日本は悪くないし、未来も暗くないということがおわかりいただけるはずです。

私が日本型経営に魅力を感じる理由

では、どうして日本はアメリカのように目を覆うばかりの状況になっていないのか。

それは企業経営の質の違いが原因です。

アメリカ型経営は、お金という指標がすべてです。企業活動も、社会にどれだけ貢献したかではなく、とにかくＲＯＥ（株主資本利益率）で優れた企業かどうかが判断される。ＲＯＥが低ければ、社長は株主から「もっと効率的に儲けられるはず。クビ！」と三行半をつきつけられます。

そのような環境にいれば、ビジネスパーソンはおのずとグリーディ（貪欲）になります。十分に生活できるくらいに儲けても、

「効率！　効率！」

「もっと！　もっと！」

とせきたてられて、際限なく利益を追求する。それによって株主である資本家はより資産を増やして、そうでない人たちはより厳しい状況に追い詰められていきます。

しかし、日本型経営は違います。

アメリカの経営が株主の利益をワンターゲットで追求するのに対して、日本はマルチターゲットです。株主の利益も追求しますが、それだけでなく従業員や取引先、消費者といったステークホルダーの利益をバランスよく確保していきます。

昔、近江商人は「売り手よし、買い手よし、世間よし」の三方よしを実践していたと聞きました。その伝統は、いまの日本のビジネスにも息づいています。だから資本主義が暴走せずに、経済や社会が安定を保っているのです。

世界のアナリストたちは、アメリカ型の経営が限界にきていることをよく知っています。かといって、いまさら資本主義を捨てることなんてできません。悩んだ彼らがいま注目しているのが、日本型経営なのです。

もう悲観論はやめましょう。根拠のないイメージ先行の悲観論を重ねても、いいことは何一つありません。

統計データを見れば、日本経済はみなさんが思っている以上に強く、将来についてもプラス要素がたくさんあることがわかります。いまこそファクト（事実）に目を向けて前に進むべきです。

先進国の硬貨を水に入れたらどうなると思いますか？

ドルもユーロも沈みますが、沈まないのはアルミでできた日本の一円玉だけです。日本はもっと自信を持っていい。いまどき日本はダメと言っているのは、当の日本人だけ。ガイジンから見れば、日本はハッピーな国なのです。

もちろん日本に課題がないわけではありません。それらを解決すれば、日本の未来はさらにハッピーになるでしょう。

ただし、根拠のない印象論から出発してしまうと、課題解決のアプローチを誤ります。本書ではさまざまな統計データを交えて、日本型資本主義の姿を明らかにしました。現状を正しく認識できれば、正しい課題解決も可能になります。本書がその一助になれば、私もハッピーです！

第1章

実は全然
衰退していない
日本経済

Q 日本がマイナス成長ってホントですか？

A 日本のＧＤＰは二〇年間ほぼ安定しています！

国の経済力を示す指標として、ＧＤＰ（国内総生産）がよく使われていることはみなさんもご存知ですね。教科書的に言えば、ＧＤＰとは国内で生み出された付加価値の合計額をいいます。たとえば何か材料を輸入して加工したりお店で売ったりすると、元の値段より高くなりますよね。そうやって元の価値より増えていった額の合計がＧＤＰであり、この額が大きいほど経済活動が活発といえます。

日本はかつてＧＤＰが世界第二位でした。残念ながら二〇一〇年に中国に抜かれて第三位になりましたが、それでも第四位のドイツにすぐ追いつかれるような状況ではありません。依然として経済大国であることに違いはありません。

さて、問題はGDPが伸びているのか、それとも減っているのかです。

結論から言うと、日本のGDPは大きく伸びていないかわりに、大きく減ってもいません。つまり、ずっと安定しています。

細かく見ていくと、リーマンショックのあった二〇〇八年に、日本のGDPは落ち込みました。二〇〇八年四~六月の名目GDPが五二九兆円であるのに対して、二〇〇九年四~六月には四九六兆円まで落ちました。成長率でいうと、マイナス六%です。

その後も東日本大震災の影響を受けた二〇一一年七~九月に前年同期比マイナス二%になるなど、ところどころでマイナスになる場面はありました。

ただ、それをもって日本がマイナス成長だというのは、木を見て森を見ず。あまり意味のある指摘ではありません。

では、もう少し広い視野に立つとどうでしょうか。

バブル崩壊後の日本経済は〝失われた二〇年〟といわれています。いまから約二〇年前、一九九六年の名目GDPは五二九兆円でした。一方、二〇一六年は五三九兆円です(16ページ・図表1)。

どうです? マイナスですか?

そう、失われた二〇年を経ても、べつに日本経済は縮小していません。短期的にはさま

図表1 ｜ 日本のGDPの推移

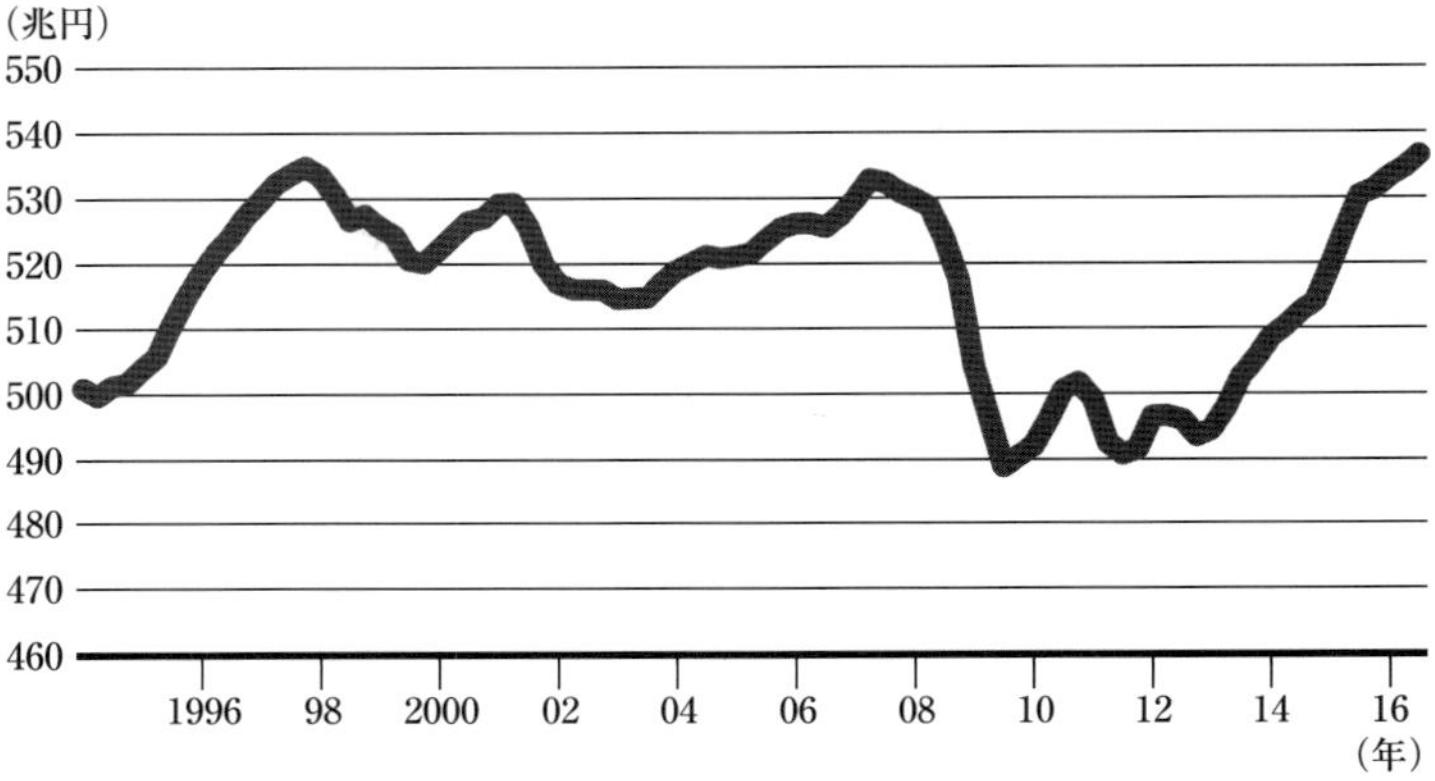

※名目GDP　出典：内閣府

ざまな要因で上下していますが、基本的には大きく伸びるのでも大きく下げるのでもなく、安定的に推移しています。

人間は朝と夜で身長が違うそうです。朝は体が伸びていますが、活動しているうちに骨と骨の間隔が狭くなり、夜には一〜二センチ低くなっているのです。

でも、夜の身長が低くなったからといって、その人は成長がマイナスになったとはいいませんよね。身長が本当に伸びているかどうかを知りたいなら、もっと長いスパン、たとえば一カ月や一年単位で比較をするはずです。

経済だって同じです。四半期や一年単位で一喜一憂するのは、「夜になって身長が縮んだ」と大騒ぎしている人と同じです。日本経済の本当のところを知りたければ、もう少し長いスパンで比較しないとわかりません。そして一〇年、二〇年で見ると、べつにマイナストレンドにはなっていないのです。

四半期の比較でマイナス成長だと嘆いている人がいたら、こう言ってあげましょう。

「キミの身長と同じだ。一晩寝たら、また元に戻っているから心配するな」と。

Q 株価が上がらないと経済は復活しないんですよね？

A 株価と成長率なんて何の相関性もありません！

国の経済力を判断する指標として、「株価」もよく用いられます。日経平均株価やTOPIX（東証株価指数）が上がったから景気がいいとか、逆に下がったから景気が悪いといった報道を、みなさんもよく耳にしているはずです。

日経平均株価のピークは、一九八九年一二月に記録した三万八九五七・四四円でした。この原稿を書いている二〇一七年一月上旬時点で一万九三〇〇円程度ですから、長期で見ると株価は半値近くまで下がったことになります。

先ほどGDPを短期で見てもあまり意味はない、長期で見れば安定していると言いました。では、株価はどうでしょう。短期での急落ではなく、二五年以上かけて大きく下げたのだから、やはり日本経済はダウントレンドにあると言っていいのでしょうか？

じつはこれも間違いです。

だって、そもそも株式相場と経済成長は相関性がまったくないのですから。

次ページの図表2を見てください。これは日本のGDP成長率と、TOPIXのパフォーマンスをマッピングしたものです。見事にバラバラでしょ？

これを見ると、成長率が高いのにTOPIXのパフォーマンスが悪かったり、逆に成長率が低くてもTOPIXのパフォーマンスがよかったりすることがわかります。しかも、逆転現象と思われる現象は例外的に起きているのではなく、何度も起きています。つまり、経済成長率と株価指数には、何の関係もないのです。

二つは無関係なのだから、「株価が下がったから日本経済は成長していない」という理屈は成り立ちません。株価が上がろうと下がろうと、ノープロブレム。日本経済には何の影響もない別の世界の出来事だと思って眺めていればいいのです。

ちなみにTOPIXではなく、日経平均株価とGDP成長率で関係性を調べても同じです。また、世界の主な株式市場とその国の成長率を比べても、同様の傾向が見て取れます。

でも、どうして二つは無関係なのでしょう。

図表2｜GDP成長率（横軸）とTOPIXのパフォーマンス（縦軸）

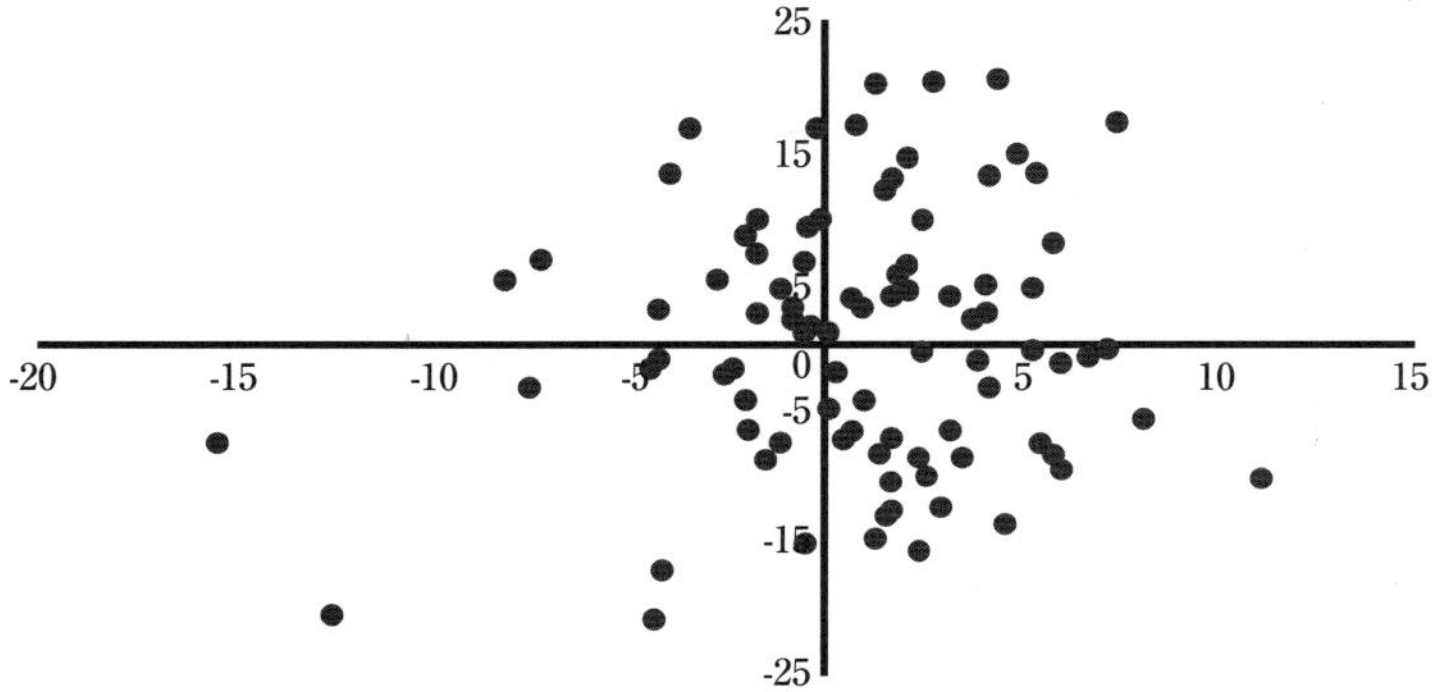

※GDP成長率およびTOPIXパフォーマンスの四半期データをマッピング
出典：内閣府、東京証券取引所のデータよりイェスパー・コール作成

株価は、企業の価値を示します。ある国の経済が悪くなれば、その国の市場で活動する企業は収益が悪くなり、株価も下がりそうなものです。逆にある国の経済がよければ企業の収益が増えて、株価は上昇するような気がします。それなのに、どうして現実は違うのでしょうか。ちょっと理解しがたいですよね。

その問題を解くカギは、じつは企業の収益構造にあります。

次ページの図表3は、日本で上場している製造業企業がどこから収益を得ているのかという内訳を示しています。

これによると、国内が四一％、輸出が二八％、海外現地生産が三一％です。もうおわかりですね。輸出と現地生産はともに海外なので、合計すると五九％です。日本の

図表3　日本の製造業企業はどこから収益を得ているか?

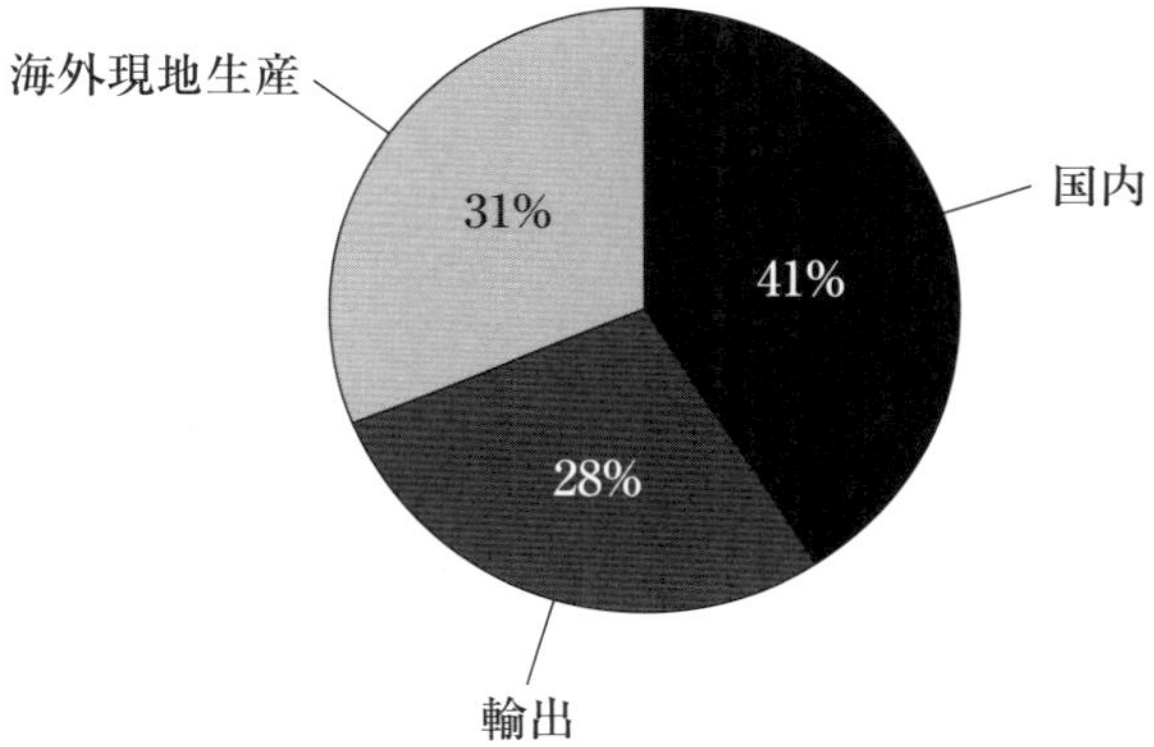

作成：イェスパー・コール

メーカーにとっては、いまや国内市場からあげる収益より、海外市場からあげる収益のほうが大きいのです。

日本のメーカーのおもな収益源は海外ですから、より強く影響を受けるのも海外のほうです。もし日本の市場が頭打ちになったとしても、日本のメーカーは困りません。利益の約六割を稼ぎ出す海外の景気がよければ黒字にできます。

とくに日本のメーカーにとって重要なのはアメリカと中国です。輸出と海外現地生産を足すと、アメリカは二四％、中国は一一％です（次ページ・図表4）。足すと三五％ですから、この二カ国だけで日本のメーカーの収益の三分の一以上を稼ぎ出していることになります。日本国内が四一％ですから、ほとんどそれに近いシェアです。

図表4 ｜ アメリカ、中国向けの輸出と現地生産（日本の製造業）

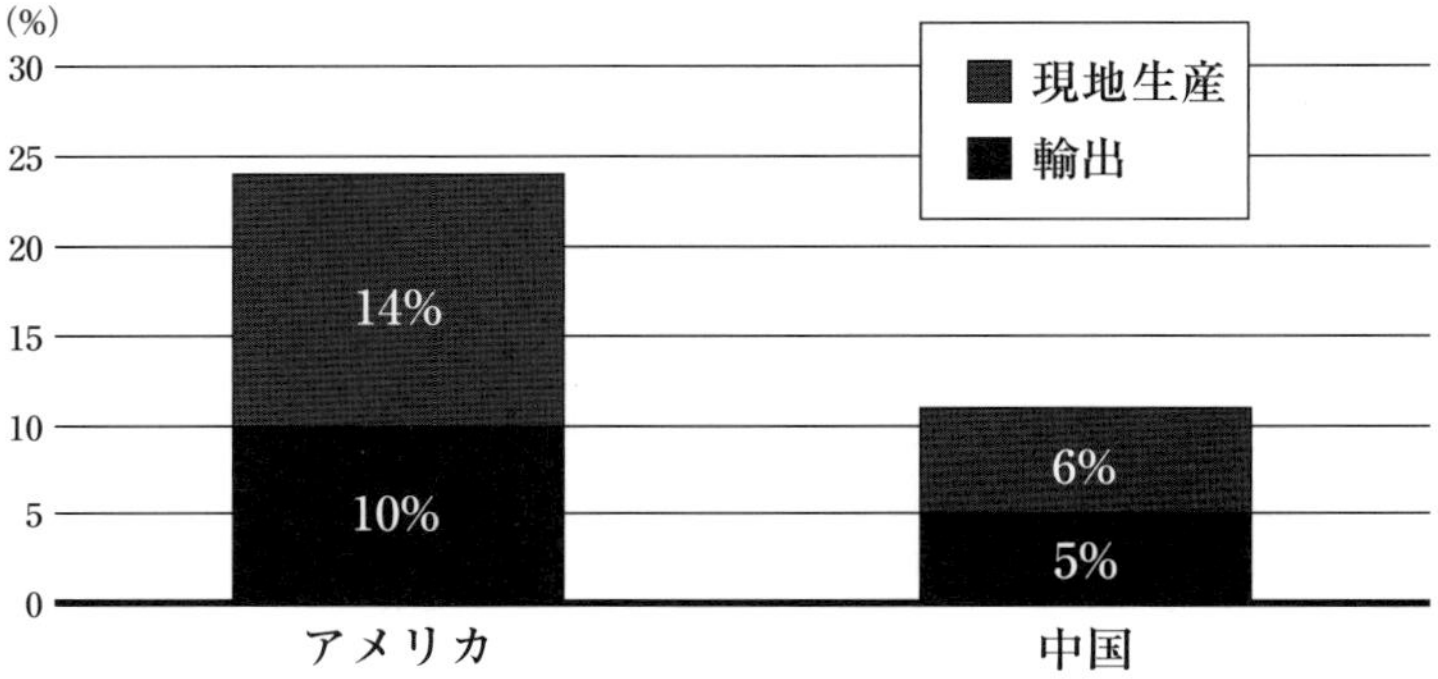

※アメリカにはカナダとメキシコを含む
作成：イェスパー・コール

現在は国境を越えてビジネスが展開されています。そのため、その国の成長率と企業の価値を示す株価が連動しなくなっているわけです。

もし日本政府が国民の金融資産を増やすために株価対策をしようとするなら、日本国内の議論ばかりするのはナンセンスです。国内の議論がムダとは言いませんが、それより海外の議論をしたほうがずっと有益です（海外の経済に対して日本政府は何ができるのかは別にして！）

少し話がズレましたが、経済成長率と株式市場がなぜ連動しないのか、これで理解いただけたかと思います。株価をもって日本経済をうんぬんするのは無意味なこと。上がっても下がっても、一喜一憂しないほうがいいですよ。

Q 日本はデフレスパイラルに苦しんできたんですよね？

A 日本のデフレの一体どこが悪いんですか？

「日本を悪くした原因はデフレだ。デフレをやっつければ日本経済は復活する！」

失われた二〇年の間に、何度も耳にした議論です。

デフレとは物価が下がってお金の価値が上がることをいいます。デフレが進むとモノを買うよりお金を持っていたほうが得なので、みんなモノを買わなくなります。モノが売れないと経済活動が停滞して企業の収益が落ち込み、給料が増えないからますますみんなお金を使わなくなる。この悪い循環がデフレスパイラルですね。

日本はデフレスパイラルが長らく続いてきました。アベノミクスでいったんはデフレ脱却したものの、直近ではまたデフレになるのではないかとも言われています。

しかし、私の見方は違います。


日本は本当に深刻なデフレだったのか。

そもそもデフレは悪いことなのか。

この二つの点で、大いに疑問があるのです。


まず本当にデフレだったのかどうかをデータで調べてみましょう。

デフレかどうかを判断するときによく用いられる指数が、消費者物価指数（CPI）です。生鮮食品からエネルギーまで、小売で売られているモノの価格を調査して導き出した指数で、CPIがマイナスだとはっきりしたデフレ、ゼロに近くても実質的にデフレといわれています。

日本のCPIは、九〇年代半ばから対前年同月比でマイナスを記録することが多くなりました（次ページ図表5）。時折プラスになるものの、基調はずっとマイナスです。数字をそのまま見るかぎりではデフレでしょうね。

でも、本当にこの数字を鵜呑みにしていいのでしょうか。

先ほど株式市場は国内より海外の影響を強く受けると指摘しました。実は私たちが日本

図表5　日本の消費者物価指数（前年比）の推移

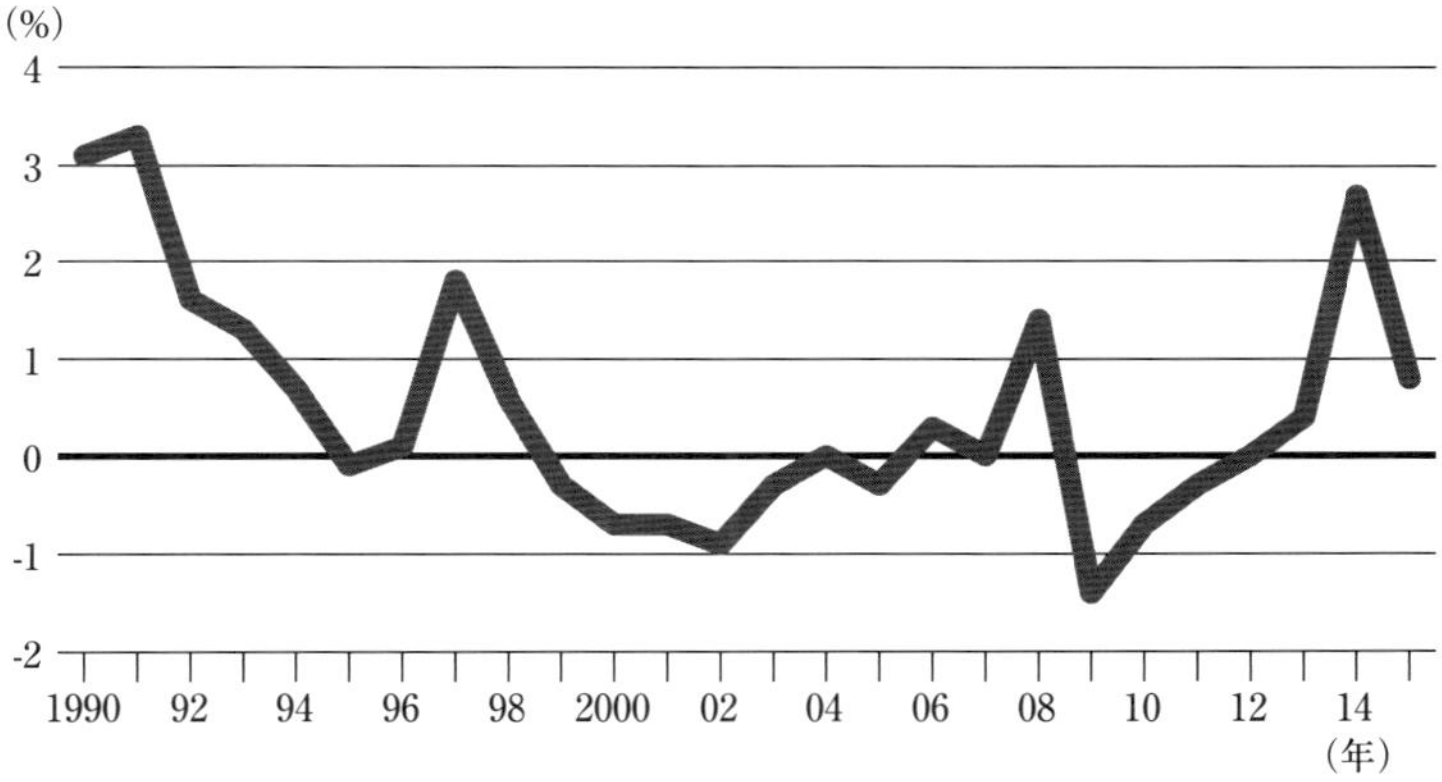

出典：総務省統計局

国内で買うモノも、国境の向こうの影響を受けています。たとえば原油が高くなれば、原油をエネルギーとして生産されるモノの価格は上がります。為替の影響も受けます。円安になれば、輸入品が高くなるからです。

さらに海外の人件費の影響も無視できません。いまは中国の人件費は高くなってしまいましたが、海外の人件費の安い地域でモノをつくれば安上がりなので、日本国内の物価を引き下げる要素として働きます。日本が自由貿易国であるかぎり、物価が海外との関係に大きく左右することは否めません。

では、海外から受ける影響を省いた、日本国内だけの純粋な物価はわからないのでしょうか。

ＣＰＩには、エネルギーや食料品を除い

図表6　日本のサービス業の消費者物価指数

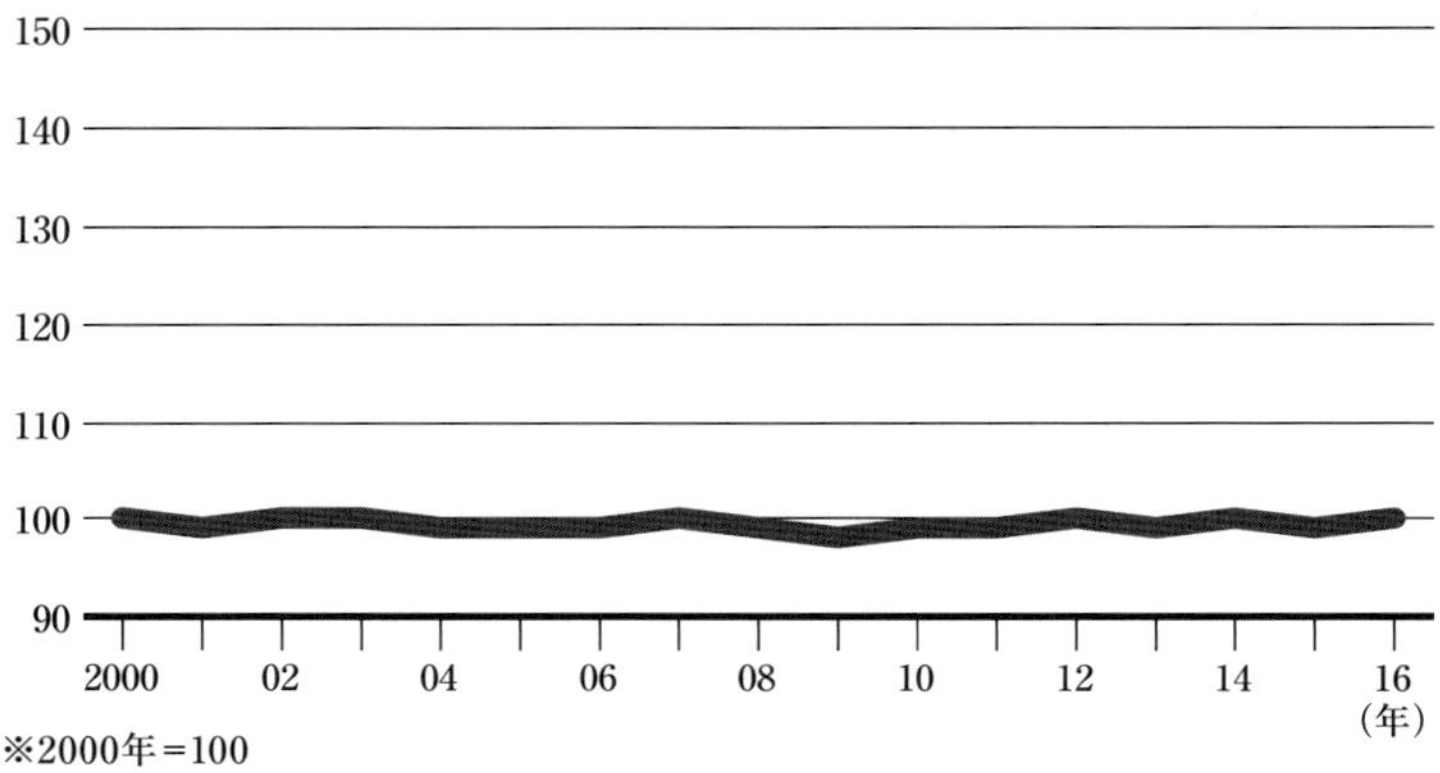

※2000年＝100
出典：総務省統計局のデータよりイェスパー・コール作成

た「コアコアＣＰＩ」という指数があります。コアコアＣＰＩならとりあえず原油価格の影響を無視できますが、海外の影響を受けるのはエネルギー価格だけではないので、コアコアＣＰＩでは不十分です。

ならば、どんな指数なら国内の物価をリアルに反映できるのか。

私は、国内の物価を知りたいならサービス業に注目すべきだと思います。

みなさんは散髪するのに、海外の美容室を使いますか？

病気になったら海外の病院に行く？

普通は行かないですよね。映画を観たりお酒を飲んだりするのは、近所の繁華街です。勉強のために海外に留学する人はいますが、ごく少数派。多くの人は自分の国で自己完結的にサービスを受けています。

このように、サービス業は自由貿易とまったく関係のないところで動いています。サービスを提供する場所も国内なら、サービス業に従事している人も日本人ばかり。サービス業で提供するのは労力や技術ですから、輸入がなくて為替も関係ありません。だからサービス業の料金を見れば、国内の物価の本当の姿がわかるのです。

前ページの図表6は、サービス業に限定したＣＰＩの推移です。

これを見ると、物価はほぼ横ばいですね。インフレにはなっていませんが、デフレがデフレを呼ぶデフレスパイラルといったひどい状況にはなっていないことが見て取れるはずです。

どうですか。この図を見ても、日本は長らくデフレに苦しんできたと思いますか？

Q インフレになれば生活はよくなるんですよね？

A インフレ米国の学費&医療費&家賃は倍々ゲームです！

日本はこれまでインフレでもひどいデフレでもなく、ごく緩やかなデフレでした。

「ごく緩やかでも、デフレはデフレじゃないか。国民にとってハッピーであるはずがない！」

なかにはそのように考える人がいるかもしれませんね。

しかし、デフレを悪《あ》しざまに言うのはアメリカの現状を見てからのほうがいいでしょう。

アメリカはインフレが続いています。ＣＰＩで言うと、約二〇年間、年率二〜三％前後で推移しています。デフレを敵視する人たちの目には、インフレが続くアメリカが好まし

図表7　教育費の消費者物価指数

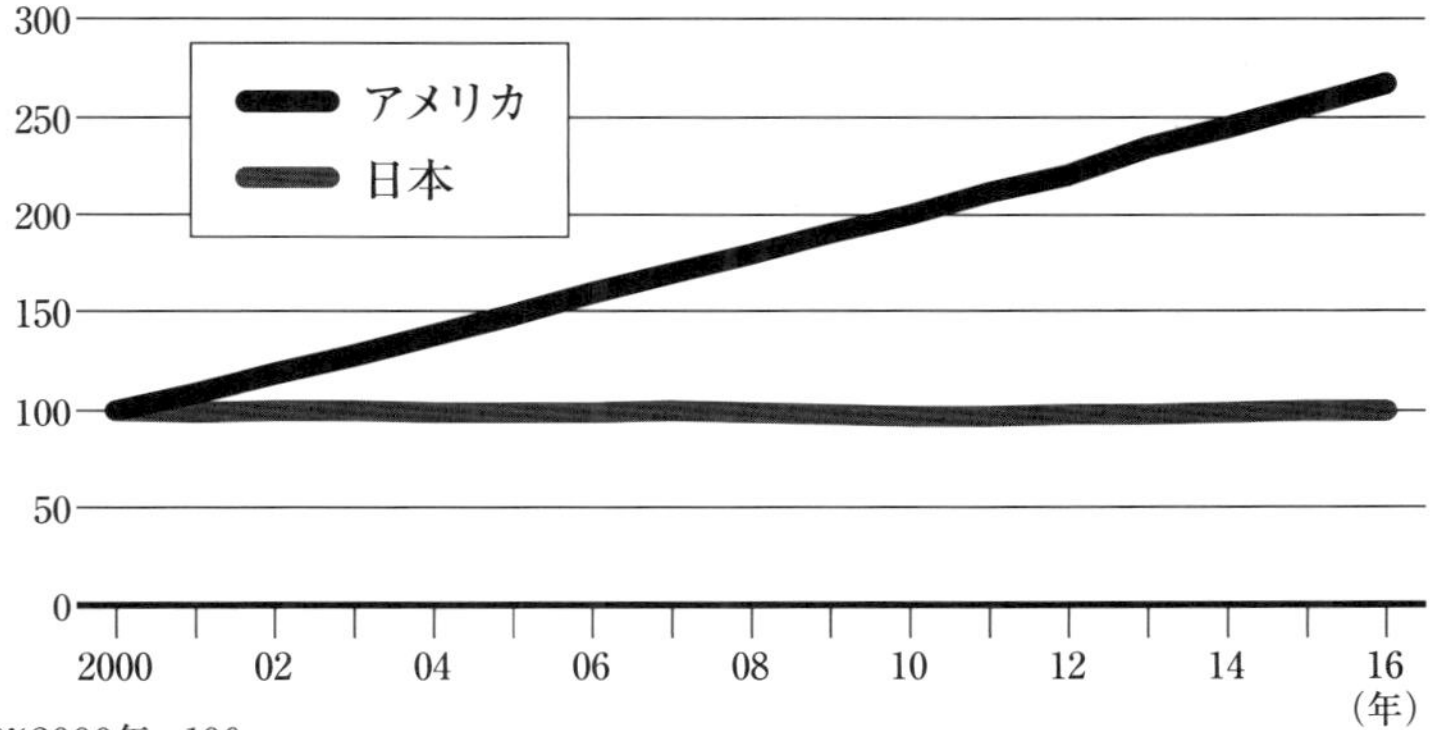

※2000年＝100
出典：総務省統計局、Fed（連邦準備制度）のデータよりイェスパー・コール作成

く映るでしょう。

しかし実態は逆です。

いまアメリカ国民は上がり続ける物価に悲鳴を上げているのです。

たとえば学費です。図表7を見てください。アメリカの学費は、この一五年間で約二・五倍になりました。いまハーバードなどの名門大学の学費は、寮費を含めてだいたい六〜七万ドル（六六〇〜七七〇万円）です。これ、四年間の合計じゃありません。毎年約七〇〇万円ですよ！

学費が高くなっても、そのぶん賃金が上がっているなら問題はないのです。しかし、賃金は一五年間で約一・三倍にしかなっていない。学費の上昇に、賃金がまったく追いついていないのです。

アメリカは奨学金制度が充実しているか

ら大丈夫といいますが、返済不要の給付型奨学金を受け取れるのは成績優秀者だけ。実際には少なくない数の学生がローンを組んで大学や大学院に進学します。卒業したら返済しなくてはいけないのに、肝心の給料のほうは上がらない。これがアメリカの実態です。

英語にはこんな言い回しがあります。

「There are two certainties in life—death and taxes」

（人生で確実なものが二つある。死と税金だ）

まったくその通りです。人はいつか必ず死ぬし、経済活動をするかぎり税金からは逃れられません。ただ、最近は応用形で、最後を「death and tuition」、つまり死と学費に替えたジョークをよく聞くようになりました。ジョークといっても笑えませんね。アメリカ人にとって上昇し続ける学費は、死や税金に匹敵するくらいに切実な悩みのタネになっているのです。

家賃も上昇を続けているものの一つです。次ページの図表8でわかるように、この一五年間で約一・五倍になっています。

とくに都会の家賃は跳ね上がっています。ニューヨークやロスアンゼルスでは2ベッドルームで家賃三〇〇〇ドル（三三万円）はあたりまえ。サンフランシスコなら五〇〇〇ドル（五五万円）くらいが平均です。地方都市も家賃は上昇していて、最近は家賃を払えずにキャンピングカーで暮らす人も増えてきたそうです。

図表8　家賃の消費者物価指数

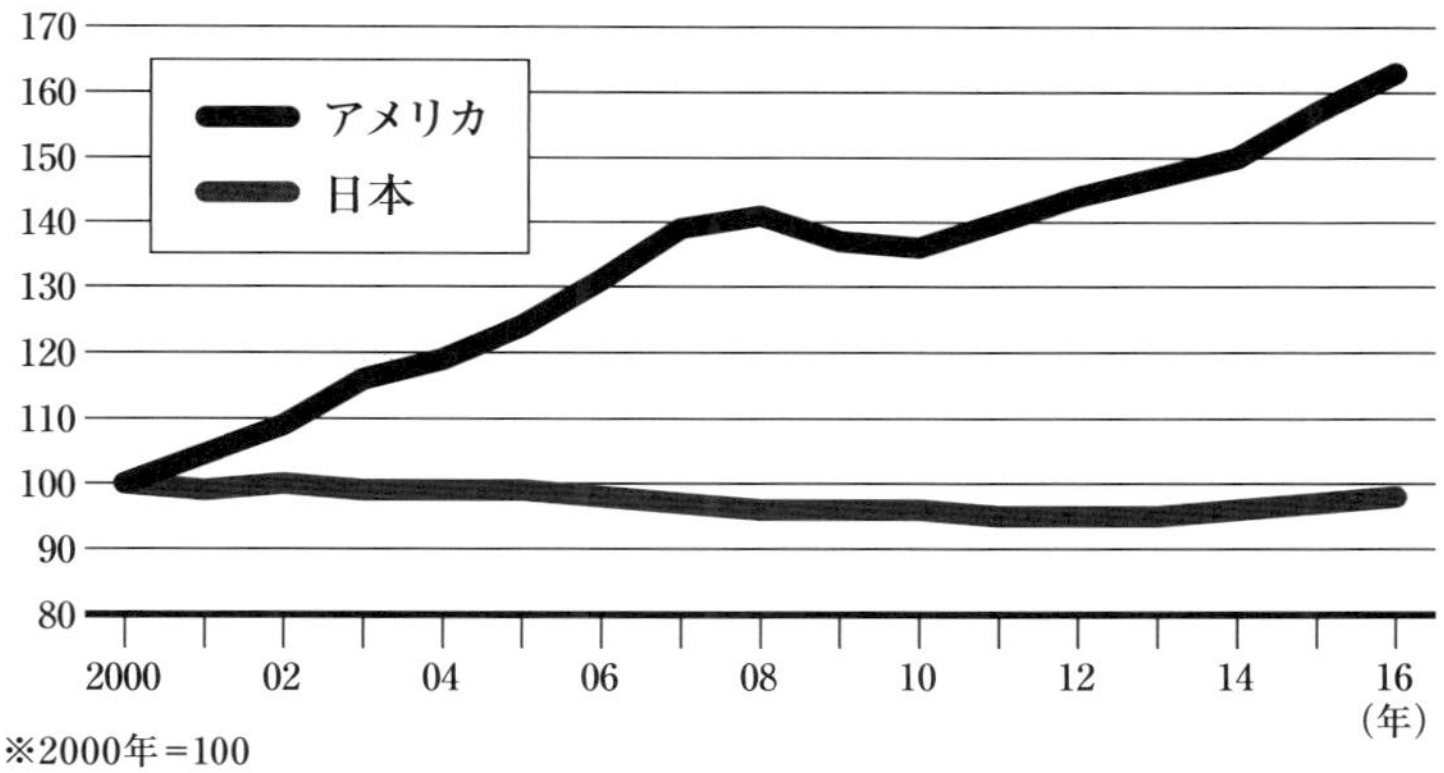

※2000年＝100
出典：総務省統計局、Fed（連邦準備制度）のデータよりイェスパー・コール作成

それから、医療費も見逃せませんね。医療費は一五年間で二倍強です（32ページ・図表9）。

日本でも報道されているとおり、アメリカはオバマケアが導入されるまで皆保険制度がなく、無保険の人がいました。また保険に入っていても、保険ごとに受けられる診療が限られます。

なぜかというと、医療費が高いからです。日本の外務省のホームページによると、ニューヨーク市マンハッタン区の場合、一般の病院の初診料は一五〇～三〇〇ドル（一万六五〇〇～三万三〇〇〇円）、専門医を受診すると二〇〇～五〇〇ドル（二万二〇〇〇～五万五〇〇〇円）、入院した場合は室料だけで一日数千ドルかかり、急性虫垂炎《ちゅうすいえん》で入

図表9 ｜ 医療費の消費者物価指数

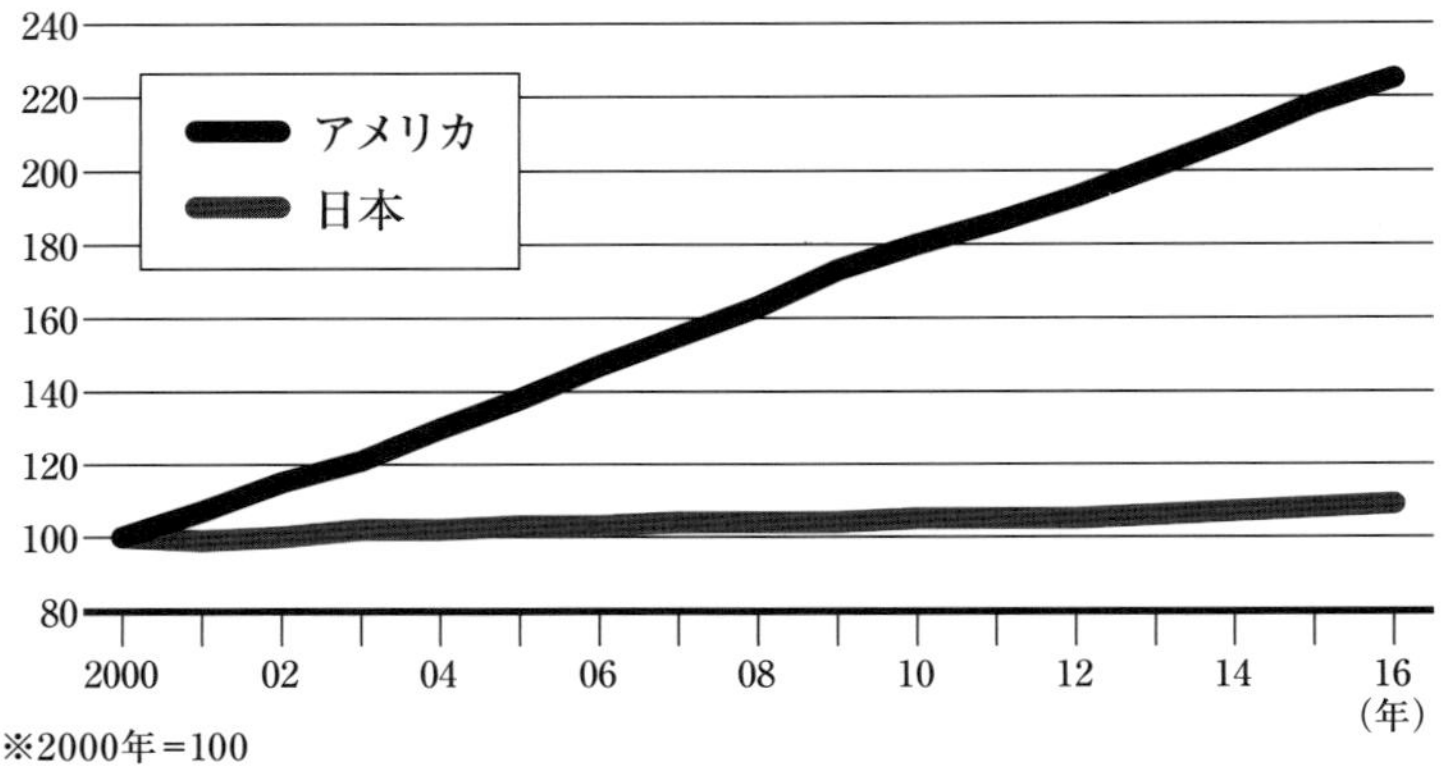

※2000年＝100
出典：総務省統計局、Fed（連邦準備制度）のデータよりイェスパー・コール作成

院して手術後腹膜炎を併発したケース（八日入院）では、なんと合計七万ドル（七七〇万円）。これじゃオチオチ病気になれません。

教育、家賃、医療。問題は、これらの支出はすべて生きていくために避けて通れないということでしょう。

高級車の値段が高くなったとしても乗らない人には関係のない話だし、乗りたい人も我慢をすればいい。テレビもべつに４Ｋである必要はないし、スマホがあればハイスペックのＰＣだって不要でしょう。モノを買うかどうかはいくらでも選択できます。

しかし、教育、家賃、医療といったサービスに対する支出は事実上、選択できません。進学しなければ仕事に就けなくなり、

図表10 ｜ サービス業の消費者物価指数

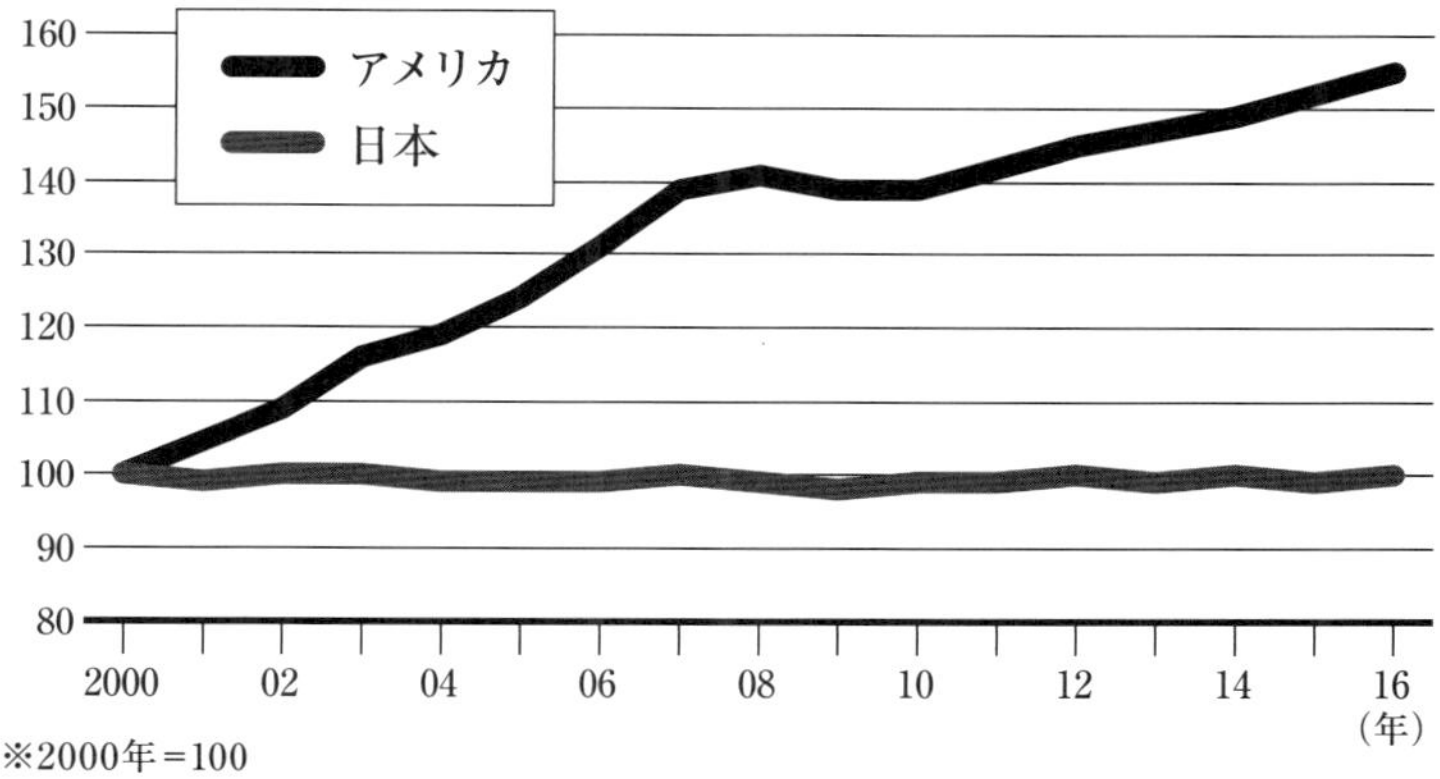

※2000年＝100
出典：総務省統計局、Fed（連邦準備制度）のデータよりイェスパー・コール作成

家賃を払わなければ野宿を強いられ、治療費を払えなければ治療を受けられず病気が悪化します。選択の余地なく、サイフからお金が出ていきます。

アメリカの抱える問題は、まさにここです。生活に必要なサービスの料金がインフレで暴騰していて、国民の家計を苦しめているのです（図表10）。

一方、日本はどうですか。

サービス業の物価はほとんど変わっていませんよね。

アメリカ人から見たら、まさに天国です！

日本の物価が安いことは、ランチを比較するとよくわかります。

東京はミシュランの星が二七三ある世界

最高のグルメシティです（パリでさえ九三！）。ただ、高級レストランの料理がおいしいのはあたりまえです。ニューヨークでもパリでも東京でも、たくさんお金を払えばおいしいランチにありつけます。

むしろ東京がすごいのは、一〇〇〇円でとてもおいしいランチを楽しめることでしょう。ニューヨークで一〇ドルなら屋台のファーストフードしか食べられないし、パリで八ユーロを払ってもたいしたものは食べられません。それなのに東京では一〇〇〇円で立派なランチが食べられて、なんと食後にコーヒーまでついてくる。マーベラス（すばらしい）です！

東京で豊かな食生活を送れるのは、商品やサービスの価格が緩やかに下がってきたおかげです。代わりに賃金が上がらないなどの負の側面がありますが、賃金以上に物価が急上昇しているアメリカと比べたら、ずっとハッピーです。

ですから、デフレを悪者のように言うのはやめましょう。緩やかなデフレはベストではないですが、賃金が追いつかないほどのインフレよりベターですよ。

Q 日本の格差問題ってすごく深刻なんですよね？

A 国内の格差なんてそんなに広がっていませんよ

いま世界中で格差問題が噴出して、それが政治を動かす事態になっています。アメリカの大統領選挙でドナルド・トランプが勝ったのも、背景には裕福なエスタブリッシュメントであるヒラリー・クリントンへの不満がありました。「俺たちは生活に苦しんでいるのに、エリートたちはますます裕福になりやがって」というわけです。ブレグジット（イギリスのEU離脱）もそうです。イギリスにはEU域内から大勢の移民が押し寄せていました。移民はもとからいる労働者たちの仕事を奪い、その結果、中間層が消えて格差が拡大しました。しかし、政府は格差に苦しむ人たちの閉塞感を払拭するような効果的な政策を打ち出せなかった。そのことが国民投票でイギリス国民をＥＵ離脱賛成へと傾けさせました。

世界では格差への怒りが政治的動きにつながっています。それに比べて日本では格差解消を求める政治的な動きは目立ちません。格差について問題提起したり政治家に働きかけている人はいても、大規模なデモが起きたり、格差解消を訴える政党が躍進するわけでもない。実におとなしいものです。

その様子を見て、海外の友人たちは「日本人は我慢強くて優しいから怒らない」と言っています。

ただ、私に言わせると、それは間違いです。日本人が忍耐強くて攻撃的ではないことはたしかですが、怒らないのは国民性とは無関係です。そもそも日本には深刻な格差がないので、怒りようもないのです。

もちろん、日本国内にも裕福な人たちと貧困にあえぐ人たちはいます。格差がまったくないわけではなく、改善されるのに越したことはありません。

しかし、日本の格差の現状は、直ちに政権交代などの荒療治が必要なレベルではありません。メディアは貧困問題をよく取り上げるので、なんとなく日本も格差が大きいというイメージを抱いている人が多いかもしれませんが、実態は違います。肌感覚として危機感がないので、国民も怒っていないのです。

図表11 ｜ 先進5カ国の個人の純金融資産

	平均額	1万ドル未満の人の割合	100万ドル以上の人の割合
日本	9万6000ドル	9.0%	2.0%
アメリカ	5万ドル	28.1%	6.4%
フランス	8万6000ドル	16.9%	3.7%
イギリス	12万6000ドル	10.0%	4.9%
オーストラリア	16万8000ドル	7.2%	5.7%

出典：クレディ・スイス グローバル・ウエルス・レポート、Milken Institute

日本は格差が小さいということを、肌感覚ではなく数字で確かめてみましょう。

図表11は、日本、アメリカ、フランス、イギリス、オーストラリアの先進五カ国の純金融資産について調査したクレディ・スイスのレポートです。

これによると日本の平均純金融資産は九万六〇〇〇ドル（1ドル＝一一〇円換算・一〇五六万円）。アメリカの五万ドル（同五五〇万円）より大幅に多く、オーストラリアの一六万八〇〇〇ドル（同一八四八万円）よりは少なめです。五カ国でいえば、ちょうど真ん中ですね。

では、裕福な層はどれくらいいるのか。

純金融資産が一〇〇万ドル以上（同一億一〇〇〇円以上）の人は、日本では二・〇%

です。これは五カ国中、最下位です。日本は個人資産がそれなりにあるという話でしたが、お金持ちの数自体は少ないのです。

逆に貧困にあえぐ層はどうでしょうか。純金融資産が一万ドル未満（同一一〇万円未満）は、日本で九・〇％です。これは五カ国中四位の割合です。

つまり、日本はお金持ちも少なければ貧乏で苦しむ人も少ない、ミドルクラスの国だと言えます。貧富の差がないわけではありませんが、国民の怒りに火がつくレベルではなく、政治的な動きにつながらなくても何ら不思議ではないのです。

他の国を見てみましょう。

アメリカは一〇〇万ドル以上の資産を持った人が六・四％います。一五人に一人はミリオネアです。それに対して一万ドル未満は二八・一％で、三～四人に一人はろくに貯蓄できていないことになります。

どちらの層も日本に比べて多いということは、ミドルクラスが少ないということ。トランプの勝利も納得でしょ？

イギリスやフランスも、日本よりお金持ちが多く、同時に貧困にあえぐ人たちも多い。格差は日本より深刻です。

逆に日本と比べても遜色ないのがオーストラリアです。お金持ちは多いのですが、一方で貧困にあえぐ人は日本より少なく、七・二％しかいません。平均純金融資産が一六万八〇〇〇ドル（同一八四八万円）と飛び抜けて高いことからもわかるように、国民全体がわりと裕福です。

実はオーストラリアはここ二〇年間、一度も不景気になっていません。資源国ですから資源価格に左右されたり、直近では中国経済減速の影響を受けたりしているのですが、それでも不況にはなっていない。経済システムが非常に良くできていて、国民もその恩恵を受けています。

日本はオーストラリアと比べれば見劣りするものの、先進国の中では経済システムが安定していて、貧困層が次々に生み出される状況になってはいません。数字を見れば、それは明らかです。

ちなみに発展途上国は先進国以上に格差が大きいことが普通です。そう考えると、格差が小さいことに関して、日本は世界でも上位に入る国と考えていいでしょう。

繰り返しますが、日本にも貧富の差はあって、その差を縮める努力は行うべきです。しかし、メディアが煽る〝格差大国〟のイメージはピントがずれていると言わざるを得ません。グローバル水準で言えば、日本は格差が小さくてバランスの取れている国です。正しい認識を持ったうえで、格差問題に対応すべきです。

Q でも、株価が昔みたいに上がらないのは問題では？

A 異常なバブルを超え、普通の先進国になっただけです！

株式市場の動きと国の経済成長は基本的に無関係です。だから株価が下がっても一喜一憂する心配はありません。

ただ、「株価の下落＝企業価値の低下」であることはたしかです。日本の経済に直接の関係はなくても、日本企業の価値が下がることについて心穏やかな気持ちではいられないという心理はわかります。

でも、こう考えてください。バブルのころに比べて株価が約半分になったのは、バブルのころが異常に高かっただけ。いまようやく適正な水準に戻って、普通の先進国の仲間入りを果たしたのだと。

べつにポジティブシンキングで、無理やりそのように思い込もうとしているわけじゃありません。数字を見れば、バブル期が異常だったことは明確です。

バブルのころ、海外の金融関係者は「日本の企業にはプレミアムがついている」と考えていました。金融の専門用語で「ジャパン・プレミアム」というと、日本の金融機関への貸出に上乗せされる特別な金利のことを指しますが、バブル期のプレミアムは意味が違って、実力以上に企業の価値が評価されていて、株価にプレミアムがついて割高になっているという意味です。

当時の日本株はどれくらい割高だったのか。

株価が適正かどうかを見極めるときによく使われるのが、PER（Price Earnings Ratio＝株価収益率）です。PERは、「株価」を「一株当たり当期純利益」で割った数字です。だから利益に対して株価が割高であるほど数字が大きくなり、逆に割安であるほど数字が小さくなります。各企業の事情があるので個別の銘柄について適正な水準を決めることは難しいですが、先進国の企業の平均は一五倍前後。それが一つの目安になります。

さて、バブルのピーク、一九八九年の日本株のPERはどうだったと思いますか？

なんと六一倍ですよ！

二〇倍を超えると普通は割高と言われますが、バブル期の日本株はそれ以上にプレミアムがついて買われていたわけです。

実力以上に買われていれば、何かの拍子に調整が行われます。日本の場合は、バブル崩壊から二〇数年をかけてじっくり調整が行われました。二〇一六年の日本株のPERは一五倍です。ようやく先進国の平均並みになったのです。

株価がバブルのピークから約半分になったことについて、日本人は「日本が落ち目になった」と嘆いているかもしれません。しかし、外国人投資家の見方は違います。「いままで日本株は割高で手が出なかったけど、ようやく買える水準になった。買うならいまだ！」

実際、日本株の海外投資家保有率は高まっています。バブル期の海外投資家保有率はわずか四％に過ぎなかったのに、二〇一六年は三〇％に達しています。海外の投資家たちが、いかにいまの日本株を評価しているのかわかるでしょう（次ページ図表12）。

同じ現象を見ているのに、「悪くなった」と嘆く人がいる一方で、「いまこそ買い時」と喜ぶ人がいる。とってもインタレスティング（面白い）ですね。

ところで、PERは低ければ低いほど割安でいいとも言い切れません。PERが低いのに買われていないということは、将来性に期待されていないということでもあります。一般的にベンチャー企業のほうがPERは高く、逆に伝統的な企業ほどPERが低い傾向が

図表12 ｜ 日本株における海外投資家の割合

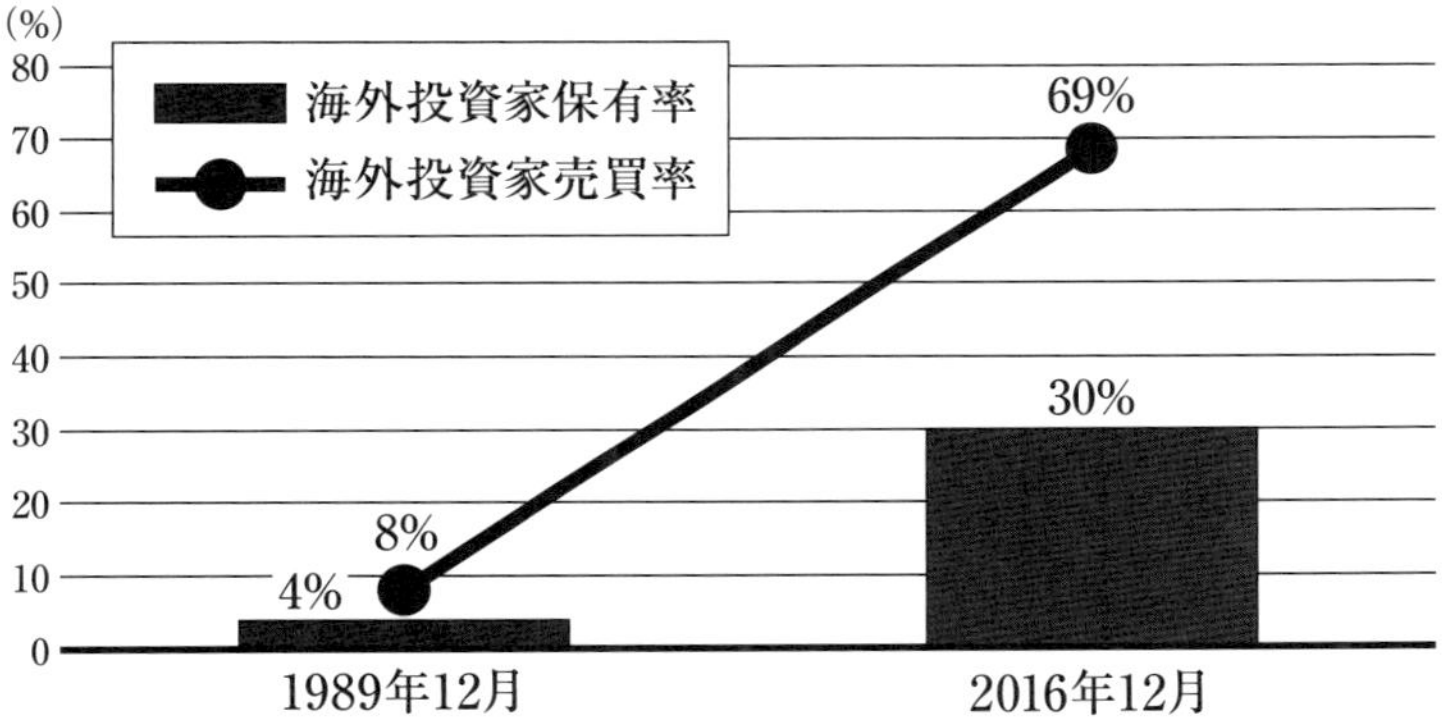

出典：東京証券取引所のデータよりイェスパー・コール作成

あるのは、将来性を加味してのことです。

日本株はようやく先進国の平均的な水準になりました。かつてのように割高ではなくなりましたが、依然として将来性はそこそこ期待されていると言って差し支えないでしょう。

では、いま海外の投資家たちは日本の何を評価しているのでしょうか。

日本企業の実力については第二章でじっくり解説するので、ここでは別の要因についてお話ししましょう。

実はいま、海外の投資家たちが安心して日本株を買っているのは、政権が安定しているからです。

私は日本ですでに約三〇年暮らしていますが、その間に政権が二年以上続いた総理大臣は三人しかいません。中曽根康弘さんと小泉純一郎さん、そして安倍晋三さんです。それ以外の人たちはみんな総理として短命でした。海外の投資家からすると、これはマイナスの材料です。

「日本の総理大臣は、顔と名前を覚える前に交代してしまう。せっかく経済政策を打ち出しても、それが実行される前に総理が代わるのだから、怖くて日本株には手を出せない」

これがこれまでの海外投資家の心理でした。

しかし、安倍政権は盤石で、第二次安倍内閣ができてから四年が経過しました。自民党の総裁の任期を延長したので、よほどのことがなければまだしばらく安倍政権は続くでしょう。その安定性が、いま海外の投資家たちを日本株買いに走らせています。

念のためにつけくわえると、海外の投資家たちは必ずしも安倍さんの政策を評価しているわけではありません。政治色の強い話はあまりしたくないのですが、私も思わず首をかしげてしまう政策がないわけじゃない。

でも、海外の投資家は、政策の方向性がどうであれ、政策が一貫していることを重視します。いくら正しくても、ころころ変わる政策はダメ。

そういう意味で、いま日本株にはアベ・プレミアムが少し上乗せされている状態と言えます。そのことをどのように受け止めて資産運用に活かせばいいのか。私は証券会社の営業マンではないので、何も言わないでおきます。日本株を買うかどうかは自己判断でお願いしますね！

Q アベノミクスって結局、成功したんですか?

A 金融政策をいくら頑張っても経済は成長しません!

安倍政権によるアベノミクスが始まってから四年が経過しました。アベノミクスの評価は、人によってさまざまです。株価が上昇して景気が良くなったと言う人もいれば、資産を持っている人しか得をしていないと言う人もいます。

私の評価? ここでは内緒にしておきますが、一つ言えることがあります。それは第一の矢、つまり大胆な金融政策だけでは経済を成長させられないということです。

日銀黒田総裁が繰り出した異次元の金融緩和は、市場に大きなインパクトを与えました。「黒田バズーカ」なんていう言葉ができたくらいですから、たしかに威力は大きかった。

図表13｜日銀の資産残高と名目GDPの関係

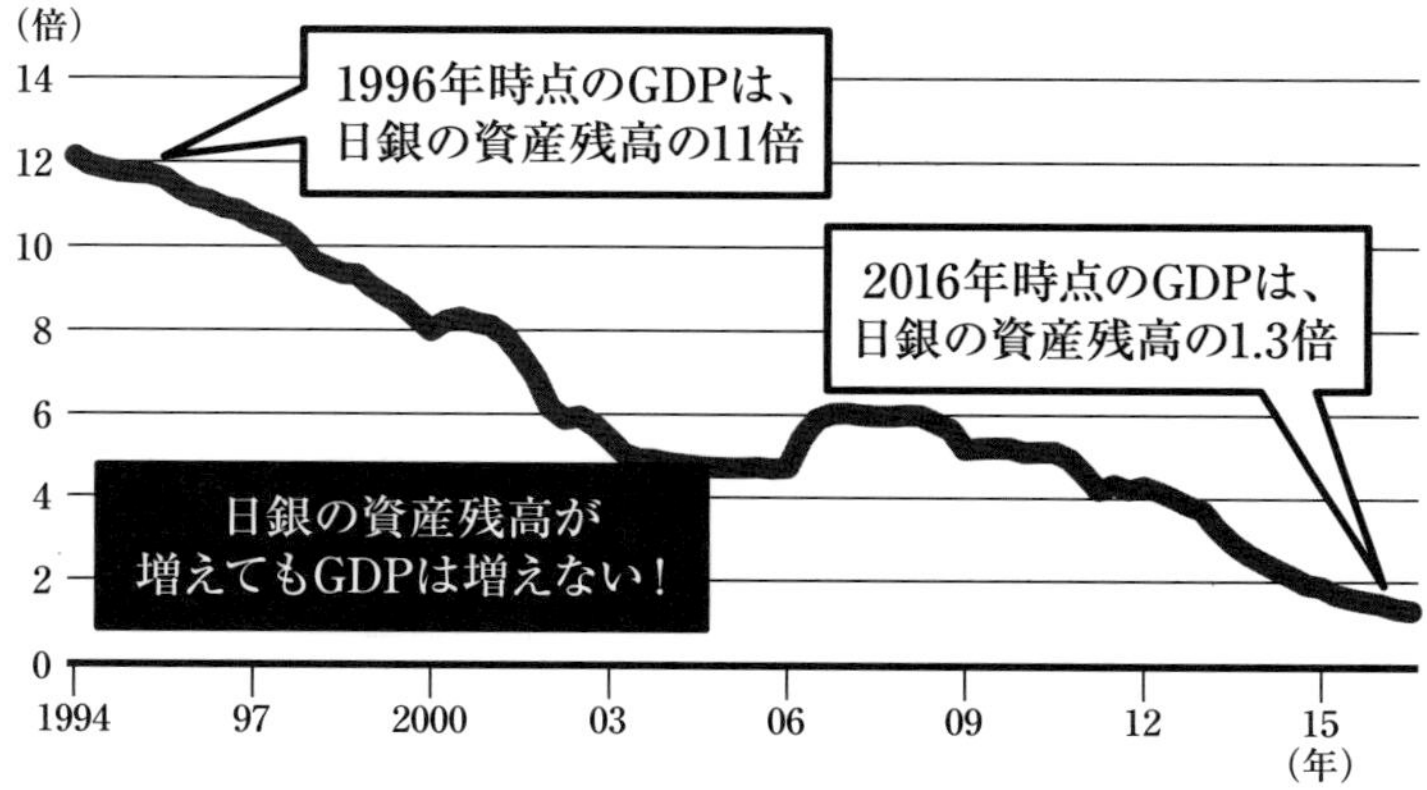

出典：内閣府、日本銀行

でも、ｓｏ ｗｈａｔ？

量的緩和をすることが本当に経済成長につながっているのでしょうか。

図表13は、日本銀行の全資産と名目ＧＤＰの関係を示したグラフです。一九九六年の名目ＧＤＰは日銀の資産の約一一倍でしたが、二〇一六年は約一・三倍です。この間、量的緩和によって日銀の資産は倍増しています。

つまり日銀の資産は倍増していても、経済成長にはまったく寄与していません。悲しいかな、それが現実なのです。

では、金融政策が経済成長のドライバーにならないとしたら、何が経済を成長させるのでしょうか。

興味深い統計があります。図表14に、Ｏ

図表14｜起業家の割合と20年間のGDP成長率

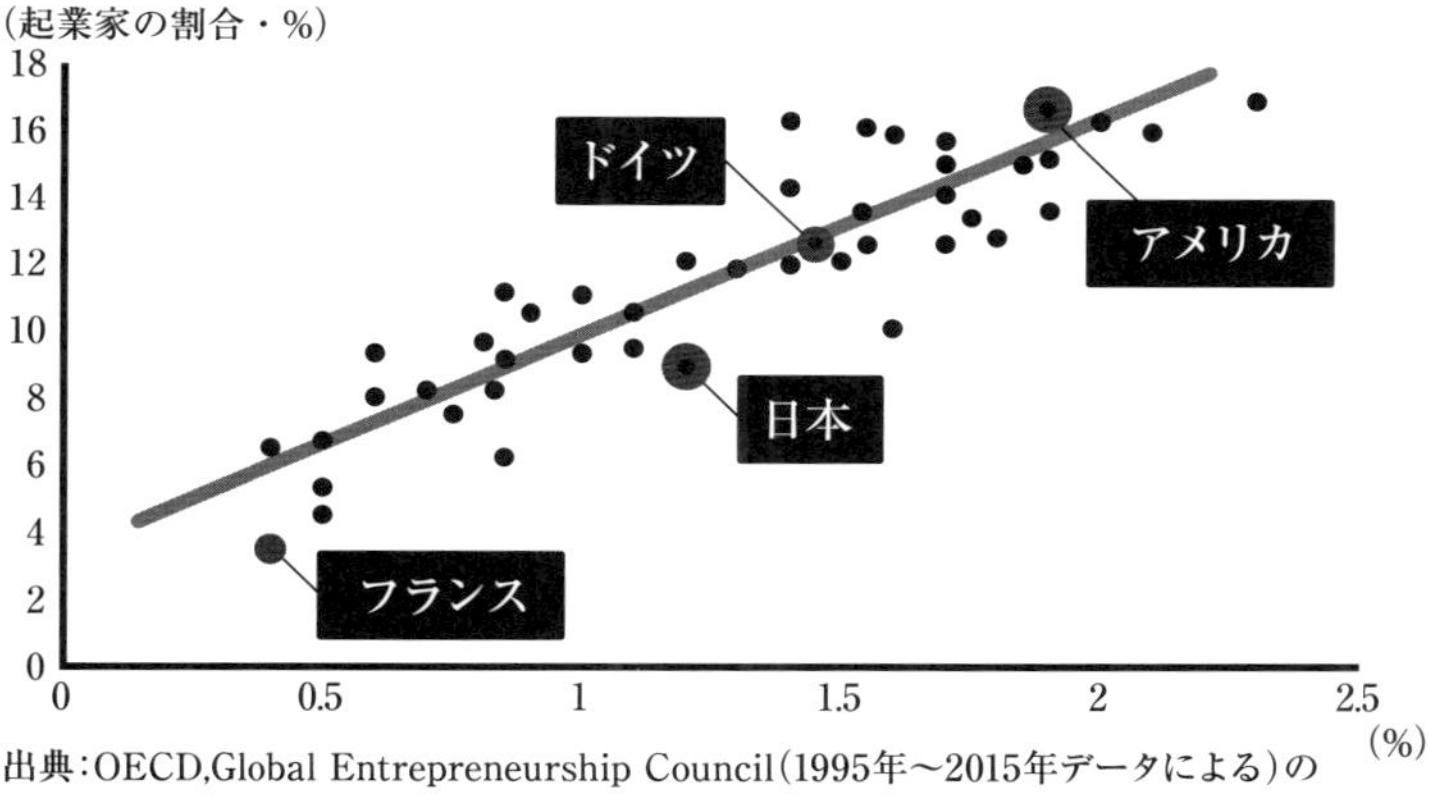

出典：OECD,Global Entrepreneurship Council（1995年〜2015年データによる）のデータよりイェスパー・コール作成

ＥＣＤ加盟各国の経済成長率と、労働者におけるアントレプレナー（起業家）の割合の関係を示しました。これを見ると一目瞭然ですね。アントレプレナーが多い国ほど経済成長率が高く、逆にアントレプレナーが少ない国ほど経済成長率が低いという傾向が出ています。

ひょっとしたら因果関係が逆かもしれない？

そうですね。経済が成長すると儲けやすくなるので、みんな野心的になってアントレプレナーが増えるということもありえるのかもしれません。

しかし、私はやはりアントレプレナーが多いから経済成長率が高まるのだと思います。

根拠は雇用です。次ページの図表15を見

図表15 ｜ 企業の年齢と雇用創出人数の関係（2005〜15年）

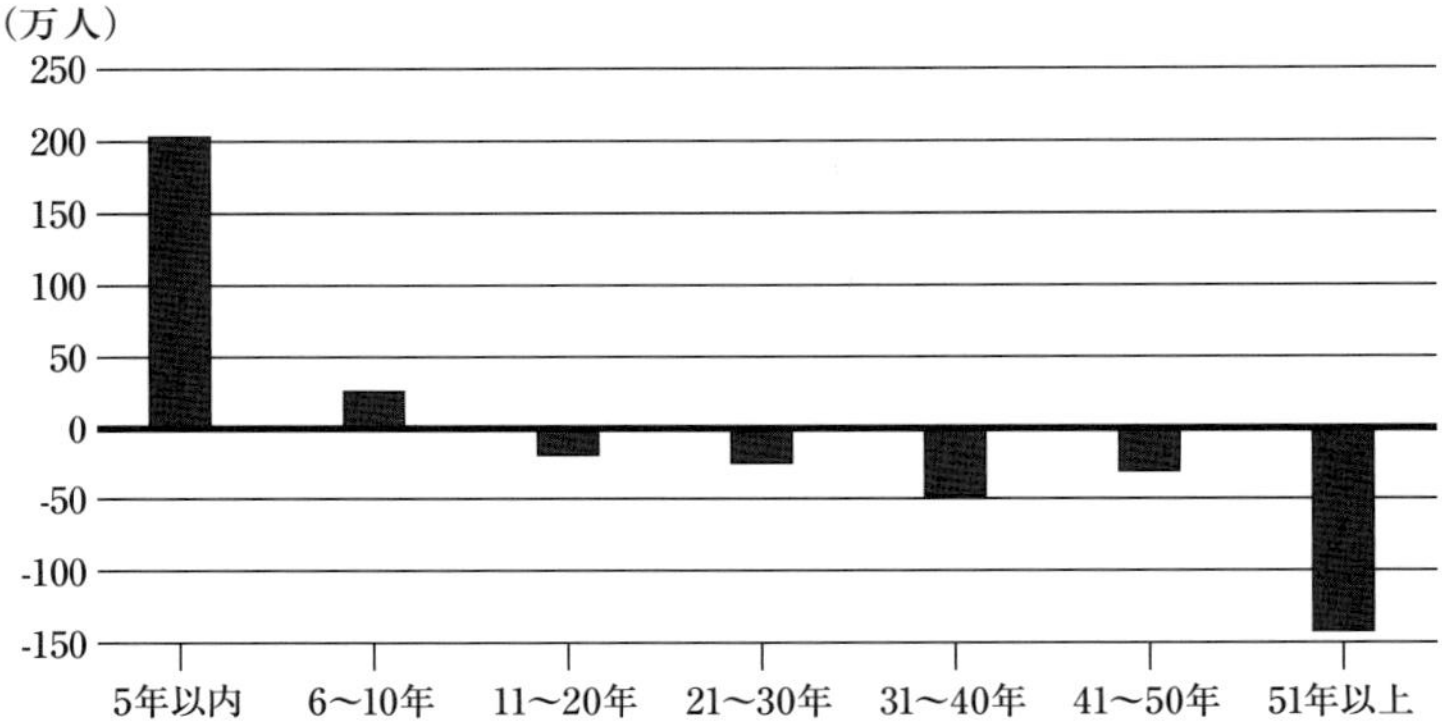

出典：Dr Fukaoのデータを基にイェスパー・コール作成

てください。企業の年齢と雇用の増減を表したグラフです。

　これによると、創業から五年以内の企業は一〇年間の合計で二〇〇万人以上の雇用を新たに生み出しています。

　一方、創業一〇年を過ぎると、雇用を新たに増やすどころか雇用を維持できなくなります。創業一一〜二〇年では約二〇万人、二一〜三〇年では約二五万人、三一〜四〇年では約五〇万人の雇用が失われています。

　つまり雇用を増やすエンジンはベンチャー企業なのです。雇用を増やすことは経済の活性化につながりますから、アントレプレナーが増えてベンチャー企業の創業が相次げば、結果的に経済は成長します。

　私は金融政策が無意味だとは言いません。金融政策に失敗すると経済活動の足を引っ張りますから、やるべきことはやらなくてはいけません。しかし、金融政策で経済が成長すると考えるのは間違いです。

何より大切なのは、アントレプレナーを増やすことです。アベノミクスでは第三の矢に当たる規制緩和がベンチャー企業に関わってくる部分ですが、ここが成功してアントレプレナーが増えたとき、はじめてアベノミクスは大成功したと言えるのではないでしょうか。

Q ジョブズみたいな起業家が日本にいないのは問題では？

A 日本にイーロン・マスクなんていりません！

「なぜ日本からスティーブ・ジョブズが生まれないのか」

日本のベンチャーをめぐる議論ではおなじみといっていいテーマですね。ジョブズは亡くなりましたから、最近はテスラ・モーターズやスペースXの創業者であるイーロン・マスクの名をかわりにあげる人もいます。いずれにしても日本ではスーパーアントレプレナー待望論が根強いようです。

しかし、私はまるで日本がアントレプレナー後進国であるかのような物言いに疑問を覚えます。

理由は二つ。まず日本はアントレプレナーが少ないわけではなく、実際にはベンチャー企業が続々と誕生しているから。そして、そもそも日本にスティーブ・ジョブズやイーロン・マスクのようなスーパーアントレプレナーは必要ないからです。

一つずつ説明しましょう。まず日本のアントレプレナーの数です。四七ページの図表14を見てもらえれば、日本のアントレプレナーの割合は世界的に見て中位あたりであることがわかるでしょう。

実際、上場企業の数は増えています。バブルのピークである一九八九年の東証一部の上場企業数は一一六五社でした。そこから二七年経過した二〇一六年で、上場企業数は一八八五社まで増えています。企業数が増えているということは、それだけその会社をつくってIPOまで導いたアントレプレナーがいたということ。日本に起業文化がないというのは、真っ赤なウソ。起業文化がなければ、これほど上場企業数は増えていません。

もう一つ、日本にスーパーアントレプレナーは必要ないという点についても説明しましょう。

アントレプレナーが経済成長のドライバーになるのは、新しい企業をつくって新たな雇用を生み出すからです。

ただ、上場企業の雇用数は日本の全雇用の一五％前後しかありません。残りの雇用は非上場企業であり、非上場企業の圧倒的多数は中小零細企業。つまり、日本の雇用の新規創出を支えているのは、会社をＩＰＯさせて巨万の富を得るスーパーアントレプレナーではなく、小さな会社を興して頑張っている名もなきアントレプレナーたちなのです。

政府が支援すべきは、名もなきアントレプレナーのほうです。また、メディアの取り上げ方も問題ですね。時代の寵児たちばかり取り上げても仕方がないじゃないですか。イーロン・マスクのスペースＸは、二〇一八年に火星に宇宙船を送る計画を発表しましたね。とてもスケールが大きく、夢のある話です。

でも、ｗｈｏ ｃａｒｅｓ？

誰が火星にいこうと、庶民の暮らしには何の影響もありません。一部のお金持ちは宇宙旅行を楽しめるかもしれませんが、多くの人には宇宙旅行より大事な日常があります。それなのに、メディアは派手な話に吸い寄せられて、スーパーアントレプレナーたちをもてはやす。何か間違っていますよね。

バブル期以降、日本からは世界のカリスマになるようなスーパーアントレプレナーが誕生していませんが、それはべつに悪いことでもなんでもない。過度なスーパーアントレプレナー待望論は、いま地道に頑張っているアントレプレナーたちに失礼です。地に足をつけている人たちを応援する機運がもっと高まればいいと思います。

Q　じゃ、どうしてみんな日本経済に不安を抱くんですか？

A　結局、日本人って悲観論が大好きなんですよ

私が日本に生活の拠点を移してから、約三〇年が経ちました。最初は苦手だった日本食もいまでは大好きになったし、日本の友人もたくさんできました。自分では日本の文化や生活スタイルにだいぶ馴染んだつもりです。

ただ、いまでも理解しがたいことが一つあります。

日本人はどうしてこんなに悲観論が好きなのか！

いま日本人に日本経済の先行きや自分の将来の生活のことを聞いてみてください。楽観的な答えが返ってくることはほとんどありません。返ってくるのは十中八九、「いまより

もっと悪くなる」です。

私の母国はドイツです。ヨーロッパの中では、ドイツの人たちもやや悲観的なところがあると言われています。でも、日本人に比べるとずっと楽天的です。私は他にもさまざまな国の方とおつきあいしていますが、日本人ほど将来に対して慎重な見方をしている人たちを知らないです。

日本には謙遜の文化があって、本当は未来が良くなると思っているけど、それを言わないだけ？

本当に口だけならいいのです。しかし、日本人の貯蓄好きを見るとそうは思えません。使うより貯めることに一生懸命なのは、やはり将来に強い不安を抱いているからでしょう。


日本人は、どうしてこんなに悲観論が好きなのか。私なりに分析して見えてきた理由が二つあります。

一つは、データで語る習慣があまりないからでしょう。

たとえば最近、凶悪犯罪がよく報道されていますね。ニュースを聞いて、「治安が悪くなっている。もっと厳罰化すべきだ」と考える人は多いでしょう。しかし、実際はどうか。凶悪犯罪（殺人、強盗）の数は、多少の波があるものの基本的に減少傾向にあります（次ページ、図表16）。

図表16　殺人、強盗の認知件数

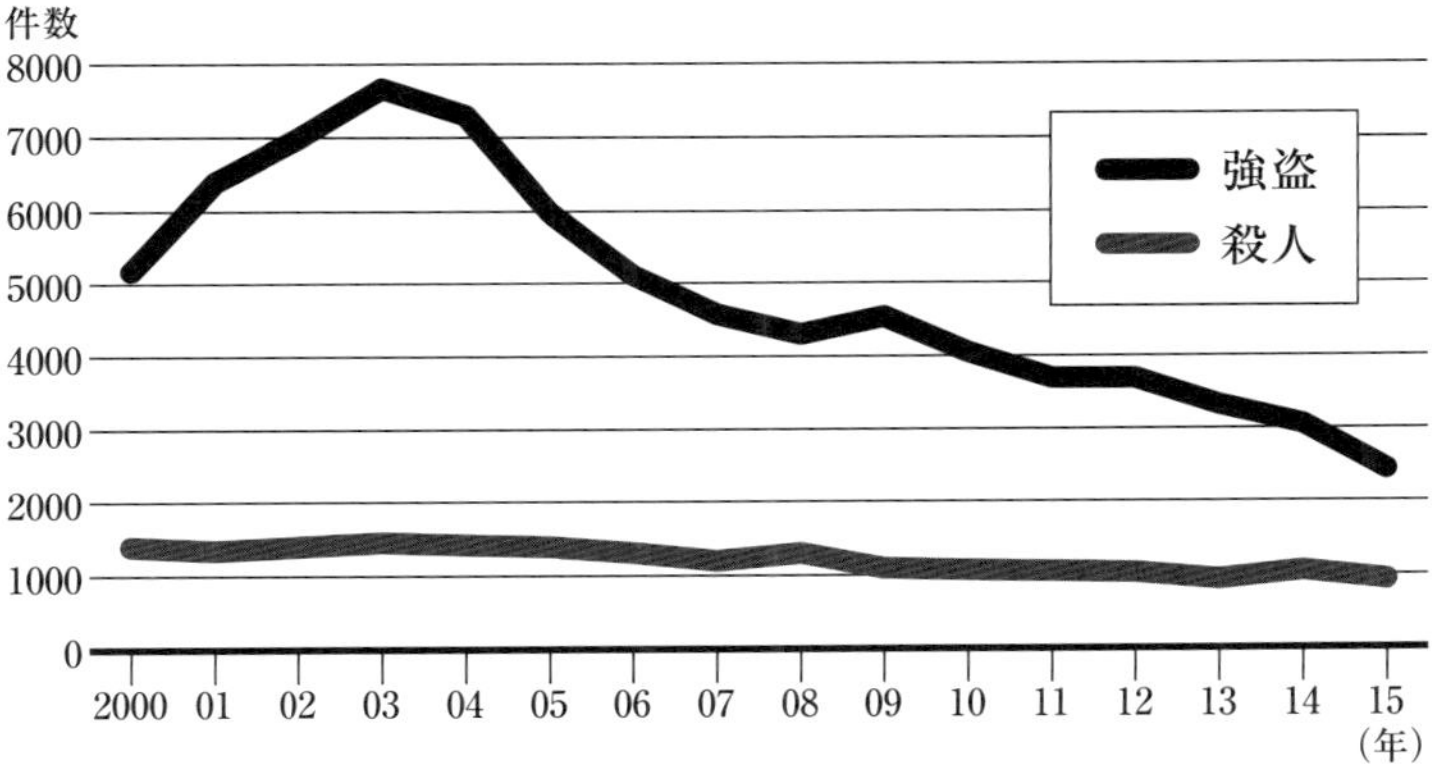

出典：法務省「犯罪白書」(平成28年版)

経済についても同じことが言えます。この章で明らかにしてきたように、統計データを見れば、日本の経済はけっして悪くなく、むしろ世界がうらやむ状況にあることがわかるはずです。しかし、多くの人は数字がいくつか出てくると、「なんか難しそう」と言って敬遠してしまう。その結果、データの裏付けのない「印象」だけが一人歩きして、いつのまにか「印象」が「真実」になってしまうわけです。

アメリカは移民の国で、ヨーロッパもさまざまな民族が複雑に入り混じって暮らしています。そうした環境でお互いがコミュニケーションを取るには、文化に左右されない客観的なものさし、つまり数字やデータが大きな意味を持ちました。

しかし、日本は幸か不幸か民族の構成が

複雑ではなく、客観的なものさしを持ち出さなくても互いに話が通じました。いまだにデータが軽視されがちなのも、そうした歴史的・地理的背景があるからかもしれません。

さて、データにもとづかずに先入観や偏見でとらえるだけなら、逆に事実を無視して楽観的になることも考えられます。にもかかわらず、どうして日本人は悲観論のほうに傾きやすいのでしょうか。

第二の理由として考えられるのが、エリートへの信頼感の欠如です。

日本のお友達と話していると、政治家や官僚、銀行の経営陣への悪口がよく口をついて出てきます。

「あいつらは私腹を肥やすために、何か悪だくみをしている」

「悪意はないかもしれないが、責任逃れに終始して何もしようとしない」

だいたいこんな感じです。

当然、他の国の人たちもエリートの批判をすることはあります。しかし、私の知るかぎり日本人ほどじゃない。ヨーロッパにおいてエリートはノブレス・オブリージュ（高貴な人の責務）を持つと考えられているので、社会の指導層への信頼が逆に厚いくらいです。

実際に日本のエリートが信頼に足るのかどうか、私には何とも言えません。

ただ、エリートへの根本的な不信が、日本の社会や経済に対する悲観論につながっていることは間違いないでしょう。

世界から見れば日本の社会は安定しているし、経済も悪い状況ではありません。自虐的になるべき材料は何一つないのです。それなのに将来に明るい展望を描けないのはもったいない！

エリートを信じるかどうかはみなさんにおまかせしますが、少なくともデータをしっかり精査して日本の現状を正しく理解することは必要ではないでしょうか。客観的なデータを見れば、印象だけで自分たちを過小評価することはなくなるはずです。日本の本当の実力はどうなのか。引き続き検証していきましょう。

第2章

実は急上昇
している
日本企業の底力

Q 日本企業はこれからどんどんダメになるのでは？

A 超リッチな「知財」で世界をリードします

私は少なくとも月に一度、アメリカやヨーロッパ、アジアに飛んで機関投資家と話をします。アナリストである私のミッションは、日本を正しく理解してもらうこと。機関投資家が知らないであろう情報を提供したり、日本に対する見方が誤っている機関投資家がいれば、その認識を正します。

金融はとても冷たい世界です。私は日本を応援したいと考えていますが、機関投資家の投資判断に感情が入り込む余地はありません。あくまでも事実がすべてであり、アナリストが感動的なスピーチをしても一顧《いっこ》だにされません。

図表17 | 公共機関と民間企業の研究開発費の対GDP比率

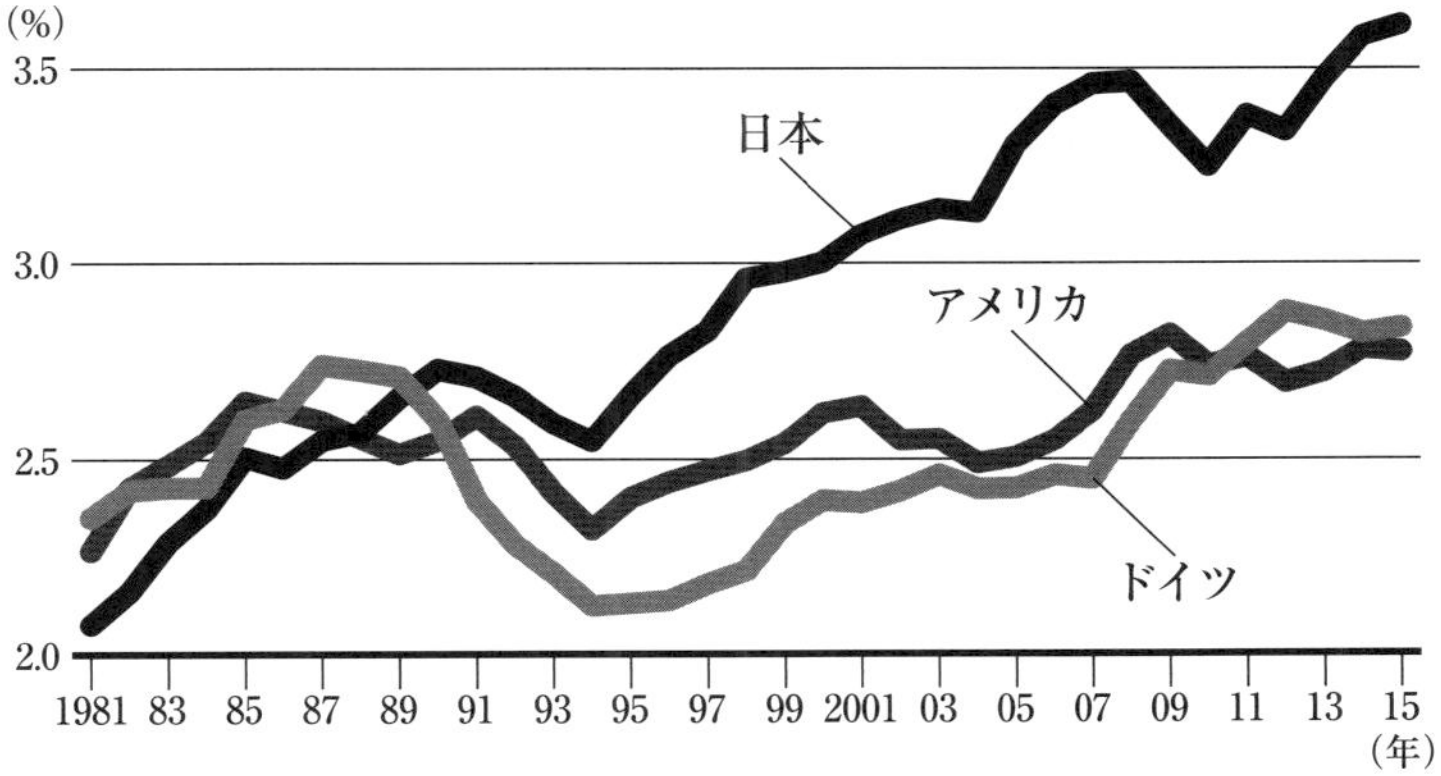

出典:OECD

アナリストに求められるのは、気持ちの入ったスピーチよりも短く的確なトークです。ヘッジファンドのマネジャーたちは忙しいので、「三〇秒で説明してほしい」と言われることも珍しくありません。

では、私は日本について何を三〇秒で伝えているのか。

それはズバリ、日本の知的財産のリッチさです。

図表17は、公的機関と民間企業の研究開発費の対GDP比率を日米独で比較したグラフです。

日本はバブル期まで米独とほとんど変わらない状態でした。しかし、バブル崩壊後から研究開発費の割合が伸び始めて米独を突き放します。二〇一四年の段階では、米独が二%台後半であるのに対して、日本は三％台後半まで伸びています。まさに日本は研究開発大国です。

企業や国にとって、研究開発によって生み出された知財は競争力の源泉になります。日本はものづくりの国であり、職人的な技術に秀でていると言われますが、それは日本が誇る技術力の一面に過ぎません。本当は、研究開発によって生み出された最先端技術が強みなのです。

ちなみに研究開発費の対ＧＤＰ比率が日本より上回っている国に、イスラエルがあります。イスラエルは地政学的に昔から軍事技術に力を入れていて、その民間転用が進んでいます。グーグルやインテルといった世界のハイテク企業はイスラエルの技術力の高さに目をつけて、現地に研究開発拠点を置いたりベンチャー企業を買収したりしています。技術開発によって生まれた知財は、どこも喉から手が出るほど欲しいのです。

日本の研究開発投資も着実に実を結びつつあります。

みなさんご存じですか。スマートフォンの四二％は日本企業によって製造されています。しかもそれらの多くは日本の技術力がなければ生産できない製品です。

もっと大きな製品だってそうです。航空機の部品の五〇％は日本でつくられています。航空機の部品は安全性と軽量化の両方が求められて、技術的にとても難易度が高い。そうした製品の半分を日本が担っているわけです。スゴイですね。

そのうち中国に知財も追い抜かれる？

半分は正解です。実は国際特許の出願数で言うと、中国は二〇一一年から世界一位です。日本は二〇一〇年の時点ですでに追い抜かれました。

しかし、中国が出願している特許の分野は偏っています。具体的に言うと、電池部品についての特許が中心です。この分野では中国の優秀さを素直に認めなくてはいけないでしょう。

ただ、幅の広さなら日本がいまも上です。日本は引き続き研究開発に積極的に投資していますから、中国といえども当面は追いつけないでしょう。

ヘッジファンドのマネジャーに日本のことを説明するときは、いまここに書いた内容をショートバージョンで話します。

「日本はリッチな知財を持っています。いまも積極的な投資をしているから将来性も高いですよ」

百戦錬磨のマネジャーたちは知財の重要性をよくわかっているので、この説明を聞くとだいたいニヤリと笑います。もうわかった、みなまで言うな、という感じです。

日本は資源の乏しい国です。生産人口が減少する時代に入って、労働力という意味での人的資源も今後は不足していくでしょう。しかし、日本には資源不足を補って余りある知財という資産がある。これを活かすことでふたたび世界をリードできるはずです。

Q 日本企業が世界で勝てそうな分野なんてあるんですか？

A すでに造船業は復活。今後は農業も有望です！

知財が日本の強みである――。

そのことを象徴する事例を一つ紹介しましょう。

いま世界の関係者が「Japanese comeback is happening」（日本人が戻ってきている）と噂している業界を知っていますか。

それは造船業です。

世界の造船業は、日本、韓国、中国でシェアの九割を占めています。なかでも世界の造船業をリードしてきたのは日本で、一九九〇年代までは日本企業の独壇場でした。

しかし、二一世紀に入ってから日本のシェアはじりじりと下がりました（六六ページ・図表18）。代わりに浮上してきたのが韓国と中国です。とくに中国の猛追は激しく、二〇〇六年にはとうとう逆転を許しました。そこから数年間は、日本の造船業にとって冬の時代だったでしょう。

しかし、五〜六年前から風向きが変わってきました。下がり続けていた日本のシェアが底を打って反転。ふたたびシェアが上向いてきたのです。その結果、二〇一四年にはふたたび中国を追い抜きました。二〇一六年には韓国も抜いて、ついに世界一の座に返り咲きました。

どうして日本はカムバックできたのか。理由は二つあります。

一つは、原油価格の高騰です。船による輸送には大量の燃料を必要とします。原油が安ければエネルギーコストはさほど問題になりませんが、原油価格が高い状況がしばらく続いたため、少しでも燃費のいい船が注目されるようになりました。

もう一つは環境問題です。船は航行するときに二酸化炭素を排出します。二酸化炭素排出に関しては世界から厳しい監視の目が向けられていて、さまざまな国際規制が存在します。近年は規制をクリアするために、二酸化炭素排出量が少なくて済む船が求められています。

日本の造船業が復活したのは、この二つの流れによってエネルギー効率のいい船が人気

図表18 | 世界の造船業のシェア

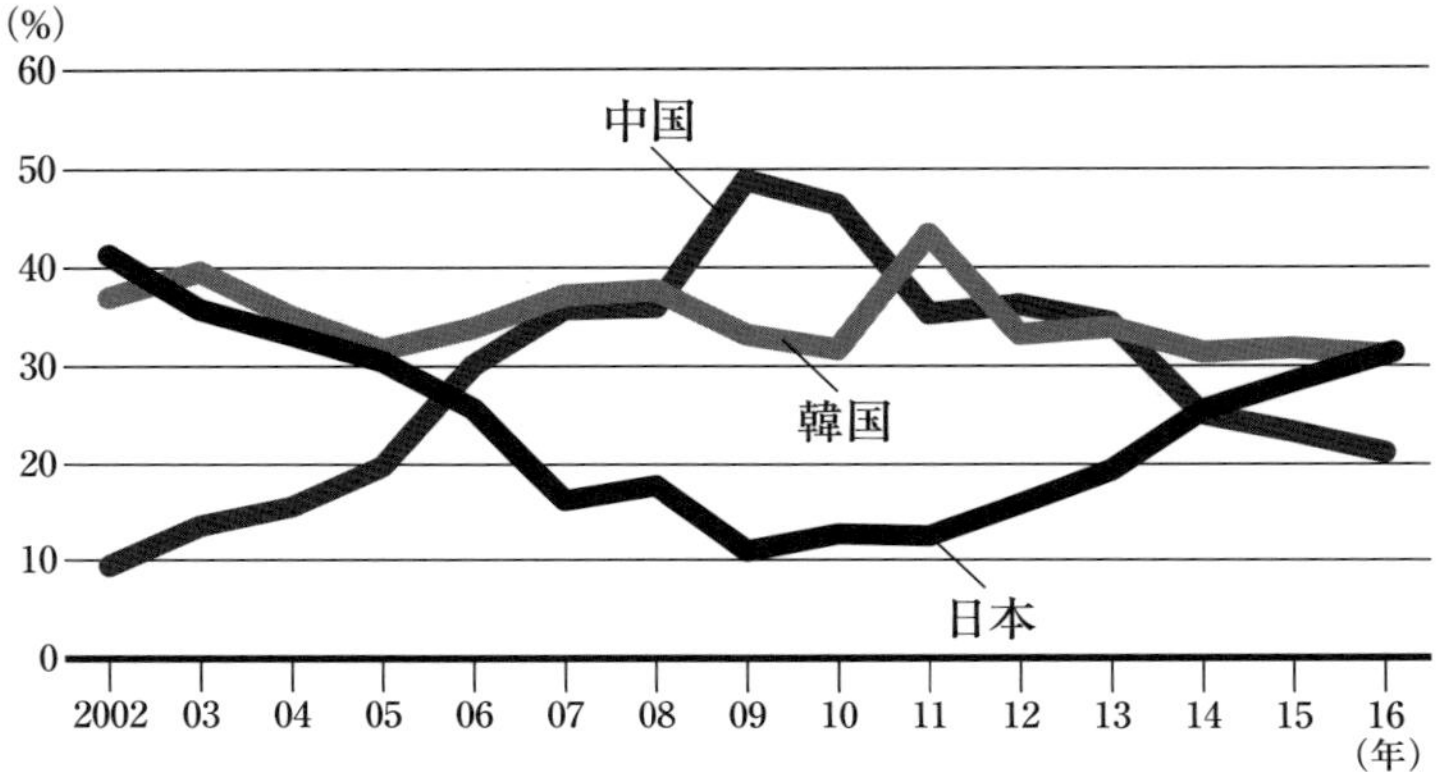

出典：Clarsons、J.P. Morganのデータによりイェスパー・コール作成

になったからです。日本の造船業はシェアを落とした時期も積極的に投資を行い、エンジンや塗装、デザインの研究開発を行ってきました。その結果、日本の船は中国の船よりエネルギー効率が平均して五割以上も高い。べつに安売りしなくても、付加価値の高いものをつくればシェアは取り戻せるのです。

造船業は重厚長大で、オールドエコノミーに属します。しかし、日本はＩＴなどのニューエコノミーだけでなく、オールドエコノミーに関しても研究開発を粘り強く続け、時代にあった製品を世に送り出しています。この幅の広さと厚みが日本経済の基盤になっているのですよ。

一方、優れた技術力とは別の要因で競争

図表19　米の価格の推移

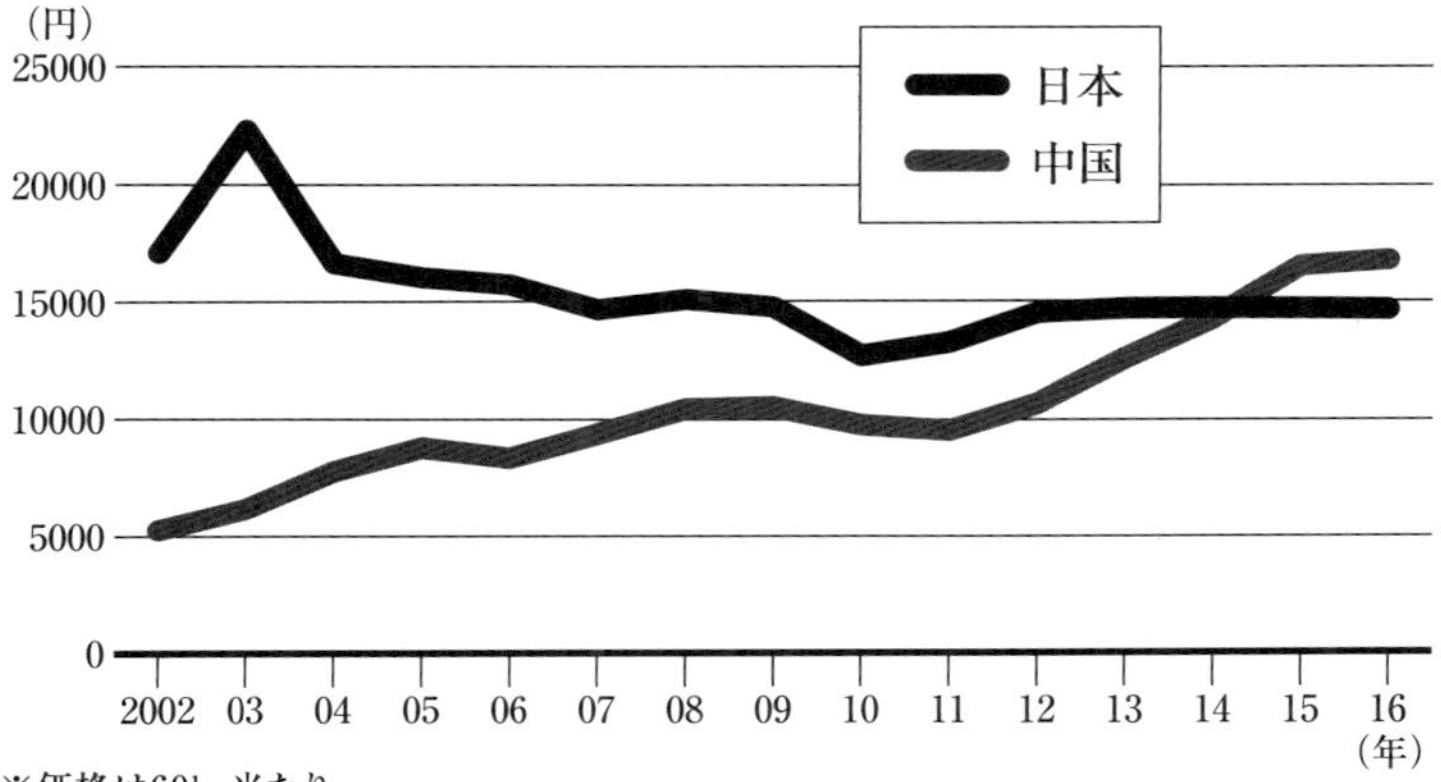

※価格は60kg当たり
出典：農林水産省、Cannon Research Institu-eのデータによりイェスパー・コール作成

力をつけてきた業界もあります。

意外に思われるかもしれませんが、農業です。

以前から日本の農業は国際競争力がないといわれてきました。日本は平地が少ないため、農地を集約して大規模化することが困難です。そのため効率性で海外の農業大国に劣り、海外の安い農作物がたくさん日本に輸入されるようなりました。実際、スーパーの野菜売り場にいっても中国産が目立ちますよね。

ところが、ここ数年、変化が起き始めました。安かったはずの中国産の価格が少しずつ上がり始め、日本を上回る農作物も出てきたのです。

たとえば米です（図表19）。もともと一五年前、中国産は日本産の約三分の一の価格でしたが、その後上昇を続け、二〇一四年には日本に並び、二〇一五年には抜き去りました。

この間、日本の米の価格はほとんど変わっていません。中国の価格がインフレで上がってきて、その間緩やかなデフレで価格が変わらなかった日本の米の価格を追い抜いたのです。

物価が安定している日本とインフレの中国がクロスオーバーしたことによって、日本の米にも価格競争力がついてきました。どうやって世界に展開していくのかというマーケティングの問題は残っていますが、もともと品質に関しては誰もが認めています。そう考えると、日本の農業は将来性の高い分野の一つと言ってもいい。

同じ現象は、これまで中国に価格競争力で劣ってきたすべての産業において起きる可能性があります。日本が世界にカムバックする第一の理由は「知財」ですが、第二の理由として「物価の安定」も大きい。これからがとても楽しみです。

Q ほとんどの日本企業はドメスティックなままでは？

A 株式持ち合い解消で、グローバル化にも成功しています

海外の機関投資家に日本株の説明をしても、かつてはある理由から反応があまりよくありませんでした。

ある理由とは、株式の持ち合いです。

日本は財閥系や銀行系のグループを中心に、企業同士がお互いの株式を保有し合う状況が続いていました。ピークのときは持ち合い比率が三分の二を超えていたというから相当なものです。

株式の持ち合いには企業経営が安定するメリットがあります。しかし投資家からは、自

分たちが蚊帳の外に置かれているようにしか見えなかった。実際、経営のデリケートな情報はインサイダーだけで処理され、なかなか表沙汰にはなりません。不透明さを嫌う外国人投資家にとって、株式の持ち合いは投資を避ける十分な理由になりました。

ところが、バブル崩壊以降に流れが変わりました。原因はシンプル。株価が下がったからです。バブル崩壊で自分の会社の財務状況が良くないのに、下がり続ける株式を保有し続ける理由はありません。さっさと売ったほうがマシです。その結果、株式の持ち合いが徐々に解消されてきたのです。

バブルのピーク、株式持ち合い比率は五〇%でしたが、二〇一六年には七%まで下がっています（次ページ・図表20）。これは外国人投資家にとってはうれしい傾向で、逆に外国人の保有率はバブル期の四%から三〇%へと上がっています。日本の株式市場もインサイダーの壁が消えて、ようやくグローバル化したわけです。

株式の透明化・健全化という意味では、コーポレートガバナンスコードとスチュワードシップコードが相次いで策定されたことも大きいですね。

コーポレートガバナンスコードは、株主の利益を守るために企業側が守るべき規範です。この規範が明確になったことで、企業は株主の意向を無視した経営判断がやりにくくなりました。

もう一つのスチュワードシップコードのほうは、機関投資家が守るべき規範です。中身

図表20 ｜ 日本株の変遷

	1989年12月	2016年12月
時価総額	590兆円	591兆円
株式持ち合い	50%	7%
海外投資家保有率	4%	30%
海外投資家売買率	8%	69%
PER（株価収益率）	61倍	15倍
EPS（1株当たり純利益）	21円	100円
ROE（株主資本利益率）	1.9%	8.0%
上場会社数	1165社	1885社

※東証一部のデータよりイェスパー・コール作成

をごく単純に言うと、「モノを言う株主になれ」です。

機関投資家にルールが課せられれば海外の機関投資家にとって負担になると思われるかもしれません。しかし、彼らはもともと「モノを言う株主」なので、新たに負担が増すわけではありません。

それどころか、海外の機関投資家たちはスチュワードシップコードの策定を歓迎しています。これまでの株式の持ち合いはナアナアで、お互いに経営の監視をしてこなかった。スチュワードシップコードでは機関投資家に投資先の企業価値を高めるような行動が求められますから、もうナアナアは許されない。だから海外の機関投資家はスチュワードシップコードを高く評価しているのです。

株式の持ち合いが解消に向かい、コーポレートガバナンスコードとスチュワードシップコードによって企業経営が健全化しつつあるので、今後はさらに海外の投資家たちは日本株に関心を持つでしょう。

Q 日本の企業経営ってまだまだ非効率なんですよね？

A ROEは、より健全な世界基準へ近づいていますよ

バブル期の日本株は割高&株式持ち合いで、外国人投資家は日本株を積極的に買おうとしませんでした。しかしいまは割安&持ち合い解消で、外国人投資家が投資しやすい環境が整いました。また、アメリカ型の企業経営に限界を感じた世界のアナリストたちが日本型経営に注目しているのも大きな要因です。さらに、海外では日本企業の持つ知財が高く評価されています。その将来性を高く評価して、今後も外国人投資家による日本買いトレンドは続くでしょう。

でも、ここで疑問を持つ人がいるかもしれません。外国人投資家が日本株に魅力を感じ

てくれるのはうれしいが、so what? 外国人が日本株を買って、日本にいったいどんなメリットがあるの? と。

もちろん直接的には、外国人投資家の日本株買いは株価を押し上げる要因になります。いまや外国人投資家による日本株の売買シェアは六九%に達していて(二〇一六年一二月)、彼ら抜きに日本の株式市場を語ることはできません。外国人投資家が買い越してこそ、株価は上がります。

ただ、日本株が上がって得をするのは、株に投資をしている日本人だけです。投資に興味がない人には、直接関係のない話です。

では、投資をしない人にとっては、外国人投資家が日本株を買おうと買うまいと、ノット・マイ・ビジネス! どうでもいいのでしょうか。

実は株を買わない人にとっても外国人投資家の存在は重要です。彼らは「モノを言う株主」であり、ROE(株主資本利益率)を高めるようにプレッシャーをかけてくるからです。

ROEは、株主資本をいかに効率よく使って利益を出したのかを判断する指標になります。高ければその企業は効率的に儲けていて、逆に低ければ非効率で、本来ならもっと儲けられる余地があるということになります。

かつての日本企業のROEは一~二%のところがザラで、はっきり言って低水準でした。

しかし、外国人投資家が増えたことで経営を見る目が厳しくなり、それがＲＯＥを引き上げる要因になりました。バブルのピークで一・九％だった日本企業のＲＯＥは、二〇一六年には八％まで伸びました（七一ページ・図表20）。アメリカが一〇年平均で一五％ですから、かなり世界の水準に近づいてきたと言えます。

企業が効率的にお金を儲けられるようになると、何が変わるのか。その会社の株を持っている人は配当が増えるかもしれないし、その会社で働く人は給料が増えるかもしれません。あるいは研究開発に使われるお金が増えて、消費者が喜ぶ新商品が生まれるかもしれません。いずれにしてもＲＯＥが高まることで、多くの人が恩恵を受ける可能性が高まるのです。

外国人投資家の厳しい目が日本企業の収益性を高め、さまざまなステークホルダーの利益につながっていく。いままさに日本はこのプロセスの途上にあると言っていいでしょう。

Q 企業が儲けてもお金を貯め込むだけじゃないんですか？

A 積み過ぎ内部留保は「規制強化」で使わせましょう

日本企業のＲＯＥは国際水準に近づいて、効率的に利益を出せるようになりました。ただ、収益率が向上した結果、次の課題が浮上してきました。儲かったお金は、どう使うのかという問題です。

会社が儲けた利益から配当や税金などを差し引いたお金は「内部留保」と呼ばれますが、いま企業の内部留保が積み上がっていることが問題になっています。

ちなみに内部留保はすべて現金として貯蓄されているわけではなく、土地や工場などの資産に形を変えているものもあります。だから内部留保すべてを自由に使えるわけではありません。

ただ、内部留保の約半分が現金と言われており、そのお金は何にも使われないまま放置されています。このお金を人件費アップに使ったり設備投資に使ったりすれば、社会にお金が回るようになって景気の浮揚に貢献します。ところが日本企業は内部留保を貯め込んだままで、積極的に使おうとしていないのです。

実は内部留保を貯め込む傾向は世界的にも同じです。

次ページの図表21を見てください。これは、企業の内部留保の対GDP割合を各国で比較したグラフです。二〇〇六年と二〇一六年で比べてみると、ドイツを除いてすべての国で増えていますよね。

なぜ増えたのかというと、リーマンショックです。経済危機があって、企業は財務基盤強化のために現金を以前より多めに持つようになりました。リーマンショックからそれなりに月日が流れましたが、経営者の心理に与えた影響は大きく、ある程度の内部留保がないと安心して経営できなくなってしまったのです。

その心理は私も理解できなくもありません。

ただ、問題は内部留保のレベルです。図表21を見ると、内部留保の割合が比較的高いフランスや中国、イギリスでさえ五〇～六〇％です。ところが、日本は一二五％！　なんとGDPより大きな金額が内部留保として企業の中に貯め込まれているのです。

図表21 ｜ 企業の内部留保のGDP割合

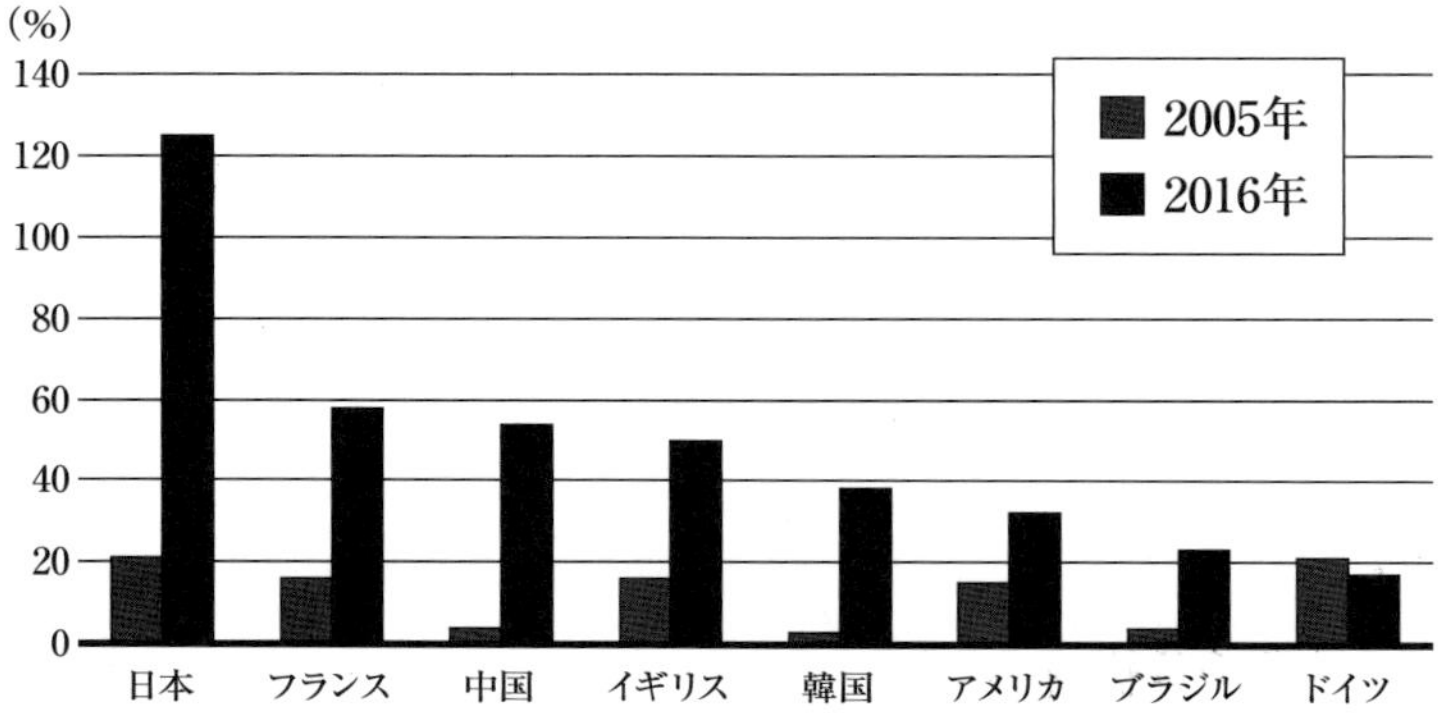

出典：ブルームバーグ（2016年8月3日）

日本人が心配性であることは私もよく理解しています。しかし、これはさすがに慎重すぎます。トゥーマッチはトゥーリトルと同じくらいにタチが悪い。はっきり言ってやりすぎです。

日本政府も、企業が内部留保を貯め込んでいる状況を問題視しています。政府はひとまず企業に賃上げを要請して、一部には要請に応える企業もあらわれはじめました。ただ、全体としてまだ大きな流れになっていません。日本企業が他の先進国企業並みの内部留保に落ち着くには、もう少し時間がかかりそうです。

では、どうすれば企業にお金を使わせることができるのか。手っ取り早いのは、内部留保への課税です。

使わずに置いておけば税金として持っていかれるという仕組みができれば、さすがに企業もお金の使い道を真剣に考えるでしょう。実際、一部の閣僚はそれを匂わせる発言をしていますね（脅しかもしれませんが！）。

そもそも内部留保は利益から税金を払った後のお金であり、そこに税金をかければ二重課税ではないかという批判もあります。しかし、すでにアメリカのように過剰な内部留保に課税している国はあります。制度設計しだいで日本でも十分に可能なはずです。

もう一つ、強くおすすめしたいのは規制強化です。いいですか、規制「緩和」ではなく規制「強化」ですよ。

図表21をもう一度見てください。各国がリーマンショック前より内部留保を増やしている中、ただ一国だけ、内部留保を減らしている国がありますね。私の母国、ドイツです。どうしてドイツは企業の内部留保が減ったのでしょうか。秘密はエネルギー政策、環境政策にあります。

ドイツは原発廃止を打ち出しました。その結果、企業はソーラーパネルの設置など、新たな設備投資をしなければならなくなりました。つまり政府が規制によって企業に無理やりお金を使わせるわけです。

自動車もそうです。ドイツの議会は、二〇三〇年までにガソリン、ディーゼル、ガスなどで動く自動車をなくす法律を可決しました。二〇三〇年以降にドイツで販売される新車はすべて電気自動車になります。その結果、フォルクスワーゲンやＢＭＷは新たに工場をつくる必要に迫られます。また、自動車をたくさん保有している運送業なども大きな投資が必要になるでしょう。

なんて理不尽な！　と思うかもしれませんが、規制強化によって内部留保が設備投資に回れば、設備をつくっている企業は儲かって経済が回り始めます。その効果は、規制強化でお金を使わざるを得なかった企業にも回りまわって波及します。結局はみんなが得をするのです。

成長戦略というと、多くの人は規制「緩和」を思い浮かべるでしょう。アベノミクスの第三の矢も、中心は規制緩和です。もちろん非効率な規制をなくして自由な経済活動を促すことも大事です。ただ、それは成長戦略のオプションの一つであり、何でも緩和すればいいというものではありません。場合によっては、逆に規制を強化したほうがその国の成長につながることもあるのです。

本当は課税や規制強化をしなくても、企業が自ら人材や設備への投資を増やしてくれることが理想です。投資すればリターンを得られるのだから、ぜひそうすべきです。

しかし日本人は将来に悲観的で、企業は内部留保をそう簡単に使いそうにありません。空気を変えるためにも、まず無理やり使わせる政策をやってみてはどうでしょうか。いざ使ってみたらいいことづくめで、経営者たちもマインドを変えると思うのですが……。

Q 日本企業がもっと強くなるための方法なんてあるの？

A 「とりあえず主義」脱却でもっと強くなれます！

これまでのところを少しまとめてみましょう。

「日本企業は研究開発への投資に積極的で、知財という強みを持っている」

「インフレにならなかったおかげで、国際的に価格競争力がついた」

「厳しい目を持つ外国人投資家が日本株を買い、企業の収益性が高まった」

「史上空前の内部留保があり、それを投資に回せばもっと成長できる」

こうやってズラリと並べると、日本企業の未来はバラ色です！

しかし、いいことばかりを話すのはアンフェアです。私が日本企業について歯がゆく思っていることについても、ここで明らかにしておきましょう。

日本企業の弱点は、ズバリ、決断能力の不足です。経営は決断の繰り返しです。そのスピードが遅い企業は国際競争の中で後れを取ります。ところが日本企業は決定が、とんでもなく遅い。これは致命的です。

ミャンマーに出張に行ったときの話です。軍事政権が続いていたミャンマーは、先進国がまだほとんど投資をしていない最後のフロンティア。いま各国の企業がミャンマーを訪れてビジネスチャンスをものにしようとしています。この流れに乗り遅れまいと、日本からも多くの企業がミャンマー詣《もう》でをしています。

ところが、現地で話を聞いてみると、どうも日本企業の旗色が悪い。原因は、意思決定が遅いからです。

たとえば工場建設のために用地を買収するとしましょう。日本企業が目をつける土地は、当然、アメリカや中国の企業も目をつけています。アメリカや中国の企業は、担当者が現地に月曜日に入ったとしたら、金曜日までには結論を出して相手に伝えます。これが世界の標準的なスピードです。

一方、日本企業は決断が遅い。担当者が土地を気に入ったとしても、その場でゴーサインは出しません。

「いいですね。とりあえず、契約する方向で話を進めます。上に確認を取りますから、少し時間を下さい」

こう言って結論を先延ばしにするのです。

しかも、この「とりあえず」がクセモノです。担当者は、まずシンガポールかどこかのあるアジア統括のオフィスに戻って会議。そこでオーケーが出たら、次は日本の本社に戻って会議です。本社の担当部門でオーケーが出ても、まだ最終結論ではありません。「大きな投資なので取締役会の決裁が必要」と言って、さらに会議にかけます。外国企業が一週間以内に結論を出すのに対して、日本企業は数週間から数カ月です。

これだけのんびりしていたら、その間に他の国の企業もアプローチをかけてきます。結局、しびれを切らした相手は別の企業と契約へ。ミャンマーではこのような事例が相次いでいるそうです。

この日本企業の悪しき習慣を、私は〝とりあえず主義〟と呼んでいます。とりあえず主義から脱却しないかぎり、日本企業はさまざまな局面で外国企業の後塵を拝することになるでしょう。一つ一つは小さな敗北かもしれませんが、敗北が積み重なれば大きな傷になるかもしれない。これは改善すべきです。

日本企業にとりあえず主義が蔓延しているのは、誰か一人に責任を負わせることをよしとしない文化があるからです。誰かが責任を持って決断した結果、その決断がミステイクだったら、その人が責めを負うことになります。日本人は優しいので、そうならないようにみんなで相談して決めようとするわけです。

集団が自分たちだけで完結しているなら、これはとてもいい知恵だと思います。しかし、外部に競争相手がいる場合は、誰か一人に決断をさせない文化が命取りになります。スピードの速い外国企業と争うには、やはり誰か一人に責任を持たせて迅速に決断させることが大切です。

この章で説明してきたように、日本企業はすばらしいポテンシャルを持っています。しかし、いくらポテンシャルが高くても、それを発揮できなければ意味がありません。日本企業の真の実力を発揮するために、決断能力をぜひ磨いてほしいと思います。

第3章

実は絶対に破綻しない日本国債と金融

Q マイナス金利で私たちの預金も危なくなるのでは?

A マイナス金利は別にマイナスじゃありません

二〇一六年一月、日銀は日本史上初のマイナス金利導入を発表しました。金利がマイナスになるということは、お金を預けているのに金利を払うということ。この逆転現象に、「えっ、預金者が金利を払うの?」と驚いた人も多かったでしょう。

なぜこんな禁じ手のような金融政策を実行したかというと、企業への貸し出しを増やすためです。

実は私たちが普段使っている市中銀行は、日銀にたくさんのお金を預けています(日銀当座預金)。銀行が日銀に預けるお金につく金利を政策的にマイナスにすれば、銀行は日銀にお金を預けておくと損をします。そこで銀行は積極的に貸し出しを増やして、経済活動が活発になるという目論見です。

ときどき誤解する人がいますが、金利がマイナスになるのは、あくまでも日銀当座預金だけです。私たち個人や企業が銀行に預けているお金がマイナス金利になるわけではありません。そこはいままでどおりです。

ただし、金利は全体的に下がります。お金をたくさん預けている人は利息が減るので損。逆に借金する人は利息が減るので得をします。これから住宅ローンを組もうとする人は、かなりお得ですね。

もっとも損をするのは、日銀に大量の資金を預けている銀行です。日銀当座預金の金利がマイナスになれば、実質的な増税です。だからマイナス金利導入決定の報道があった後、銀行の株価は軒並み下がった。投資家は敏感です。

ただ、マイナス金利という言葉には大きなインパクトがありますが、実際の経済に与える影響はそれほど大きくありません。なぜなら、金利がマイナスになるのは、日銀当座預金の中でもごく一部だけだからです。

日銀当座預金は、「基礎残高」、「マクロ加算残高」、「政策金利残高」という三つの部分に分けられています。

図表22｜日銀の当座預金残高と政策金利残高

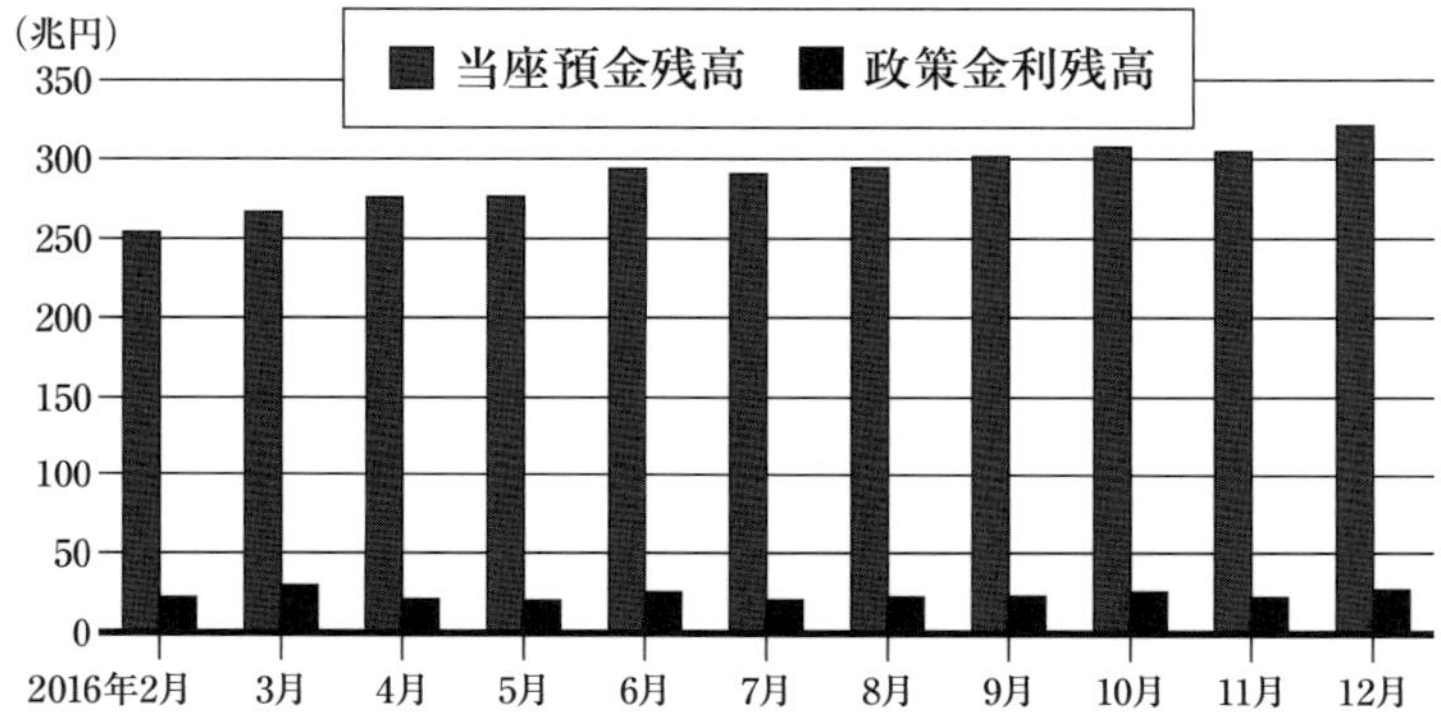

※補完当座預金制度適用先の金額
出典：日本銀行

教科書的に解説すると、次のようになります。

「基礎残高」――銀行が日銀に必ず預けなくてはいけないお金（所要準備額）を超過して預けている超過準備額

「マクロ加算残高」―所要準備額＋日銀が特別にゼロ金利で一般の銀行に貸し出す金額（貸出支援基金および被災地金融機関支援オペ）＋日銀が一定の計算により適宜加算する金額

「政策金利残高」――日銀当座預金から基礎残高とマクロ加算残高を差し引いたもの

このうちマイナス金利〇・一％が適用されるのは、政策金利残高だけです。基礎残高はこれまでどおり〇・一％の金利がつき、マクロ加算残高はゼロ金利です。

しかも、図表22を見てもらえばわかるように、マイナス金利が適用される政策金利残高は全体の約一割しかない。影響がないとはいいませんが、これでは効果が限定的です。私は個人資産に増税すべきだと考えていませんが、銀行にはもっと実質的な増税、つまりマイナス金利の適用を増やしてもいいと考えています。

日本の都市銀行は再編が進んで四つのメガバンクになりました。これはいいことです。しかし、地方銀行はいまだに数が多すぎる！

いまは銀行が努力しないでもやっていける環境です。だから能力の高くない地方銀行もたくさん生き残っている。これは長い目で見て、日本経済にいいことではない。

地方銀行はもっと合理化すべきです。マイナス金利政策は合理化を促すきっかけになるはずで、その意味でもっとマイナス金利の適用を拡大したほうがいい。

Q マイナス金利でも貸し出し先なんて増えないんですよね？

A 日本のメガバンクは今やアジア最大の貸し出し先です

マイナス金利導入の目的は、企業への貸し出しを増やして経済活動を活性化させることにあるといいました。

ただ、実はこれまでの低金利政策でも銀行の融資は伸び始めていました。マイナス金利導入は、その流れを加速させるものと考えていいでしょう。

詳しく説明しましょう。

みなさんは「流動性の罠」という言葉をご存じですか。日銀が金融緩和策の一環として金利を下げれば、お金の流動性が増して、企業への貸し出しが増えるはずです。ただ、最

図表23｜銀行の融資額と平均融資金利

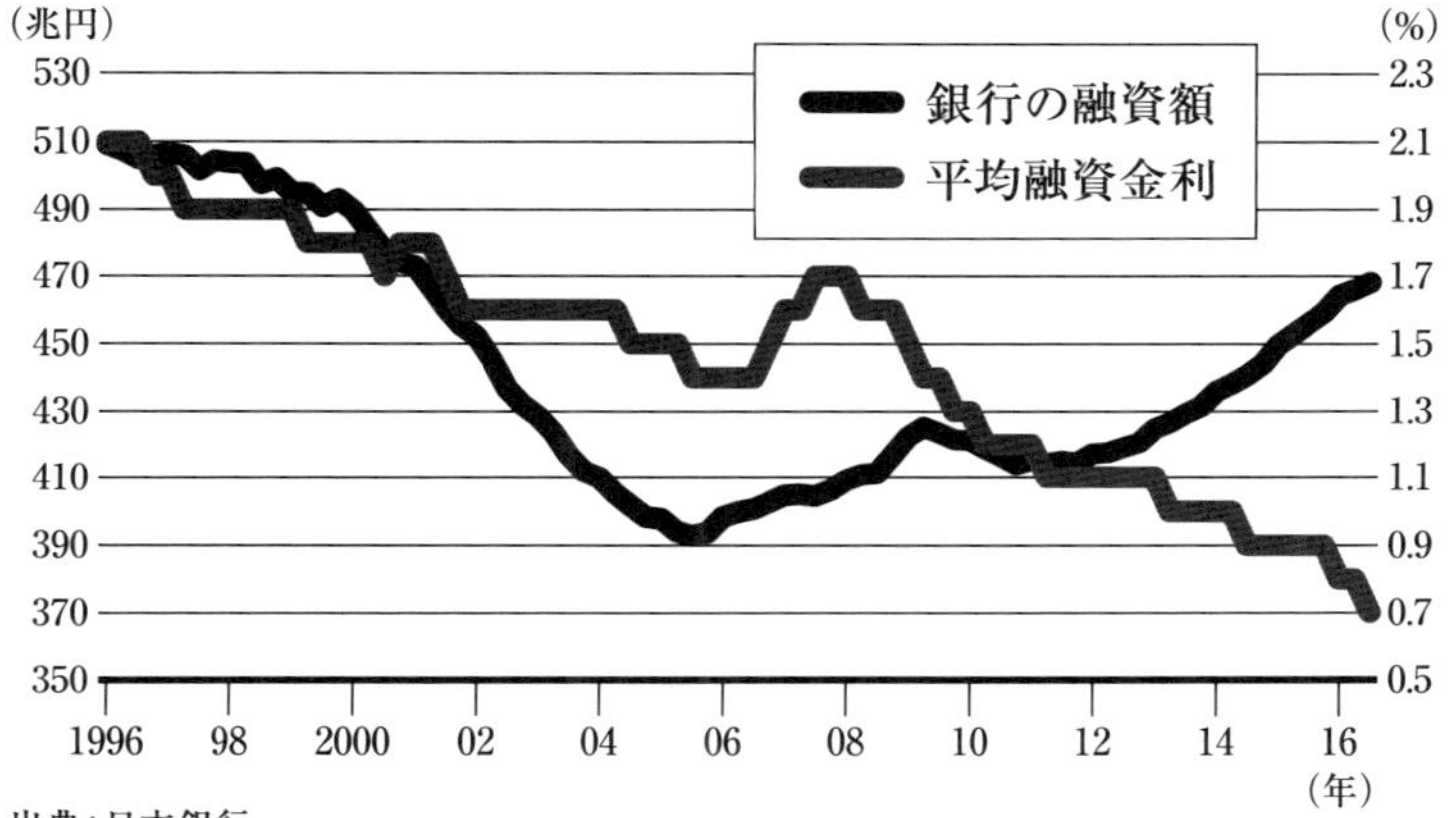

出典：日本銀行

初は低金利政策に効果があったとしても、金利がゼロに近づくにつれて効果が弱くなり、ほとんど意味をなさないことがあります。この現象を金融の世界では流動性の罠といいます。

日本の金融政策は、長い間、流動性の罠に苦しめられてきました。金利が下がっても、もともと企業のほうに資金需要がないため、貸し出し額が伸びないのです。図表23を見れば、その傾向は明らかです。この二〇年間、平均貸出金利はほぼずっと下がっています。教科書的に言えばそれによって銀行融資額は増えるはずなのに、逆に一緒になって下がっている。金融政策として成功していたとはとても言えません。

ところが、二〇一二年から平均貸出金利が下がるにつれて銀行融資額が増え始めました。つまり流動性の罠を脱して、平均貸出金利と銀行融資額の関係が教科書通りの動きをするようになったのです。

マイナス金利導入で平均貸出金利はさらに下がりますから、今後も教科書通りの動きが続けば、銀行の貸し出しはさらに増えるでしょう。


ところで、いままで効果がなかった低金利政策が、なぜいまになって効き始めたのでしょうか。

いままで資金需要がなかった企業が積極的に設備投資を始めたから?

いえいえ、違います。二〇一二年から二〇一六年に、銀行の融資額は四八・八兆円伸びました。そのうち産業分野の伸びは、二・八兆円しかありません。たしかに設備投資は増えているのですが、流動性の罠を抜け出す原動力になったとは、とても言い難い状況です(次ページ・図表24)。

銀行融資額の伸びの中でもっとも大きいのは、住宅のローン一一・八兆円です。不動産投資も六・一兆円ですから、全体として不動産関係が融資額を押し上げたとみていいでしょう。

そして、もう一つ注目したいのは海外への融資なんです。海外への融資額は五・三兆円も増えていて、国内産業への融資よりずっと伸びています。

図表24 ｜ 2012年から2016年の融資の伸び

住宅ローン	11.8 兆円
民間金融機関	7.4 兆円
不動産業界	6.1 兆円
海外	5.3 兆円
政府部門	4.8 兆円
公的非金融法人企業	3.2 兆円
製造業	2.8 兆円
合計	48.8 兆円

作成:イェスパー・コール

実は二〇一五年と二〇一六年の二年間は、アジアにもっとも貸し出ししているのは日本のメガバンクでした。アメリカの銀行はほとんどアジアを向いていないし、ヨーロッパの銀行はいま体力がない。中国の銀行はよくわからなくて、アジアの企業はあまりつきあいたがらない。そこに日本のメガバンクが入り込んで、いまものすごい勢いで貸し出しを増やしています。

低金利政策の目的を考えれば、本当は海外より日本国内の産業への貸し出しが増えることが望ましい。だから流動性の罠を脱したからといって手放しには喜べません。

しかし、海外への融資を除いても、融資額が大きく伸びていることはたしかです。この調子で貸し出しが伸びていけばいいですね。

Q 国の借金が増え続けたらハイパーインフレが起きるかも？

A 戦争でも起きない限り、ハイパーインフレになりません

アベノミクスでは大胆な金融緩和政策が実施されました。目的はデフレを脱却して、インフレ率二・〇％を達成すること。いわゆるインフレターゲット政策です。

インフレターゲットの議論になると、「失敗するとハイパーインフレが起きる」という不安の声が必ずあがります。

しかし、実態はどうでしょうか。

大胆な金融緩和政策をやっても、ハイパーインフレになるどころか目標のインフレ率にも届いていません。目標に届いていないので金融政策が大成功したとは言い難いですが、

少なくてもハイパーインフレの心配は杞憂に終わったと言っていいでしょう。
そもそも歴史的に見て、先進国のハイパーインフレは数えるほどしか起きていません。また、発生したハイパーインフレの多くは、ある特殊な条件が満たされたときに起きています。いまの日本でその条件が満たされるとは考えにくく、ハイパーインフレのリスクは限りなく小さいと言っていいと思います。

では、その条件とは何か。

戦争です。

私の母国、ドイツの例でお話ししましょう。
ドイツでハイパーインフレが発生したきっかけは、第一次世界大戦でした。連合国に負けたドイツは、ヴェルサイユ条約で多額の賠償金を連合国側に支払うことになりました。しかし、戦争で経済がめちゃくちゃになっていたため、賠償金の支払いが思うように進みません。それに業を煮やしたフランスとベルギーは、一九二三年、ドイツ経済の中心だったルール地方を占領します。
ドイツ政府は、この占領に対抗するために労働者にストライキを呼び掛けます。ただ、ストライキをすれば労働者は生活できなくなる。そこで政府は、労働者の賃金を保障する

図表25 ｜ 日本のハイパーインフレ

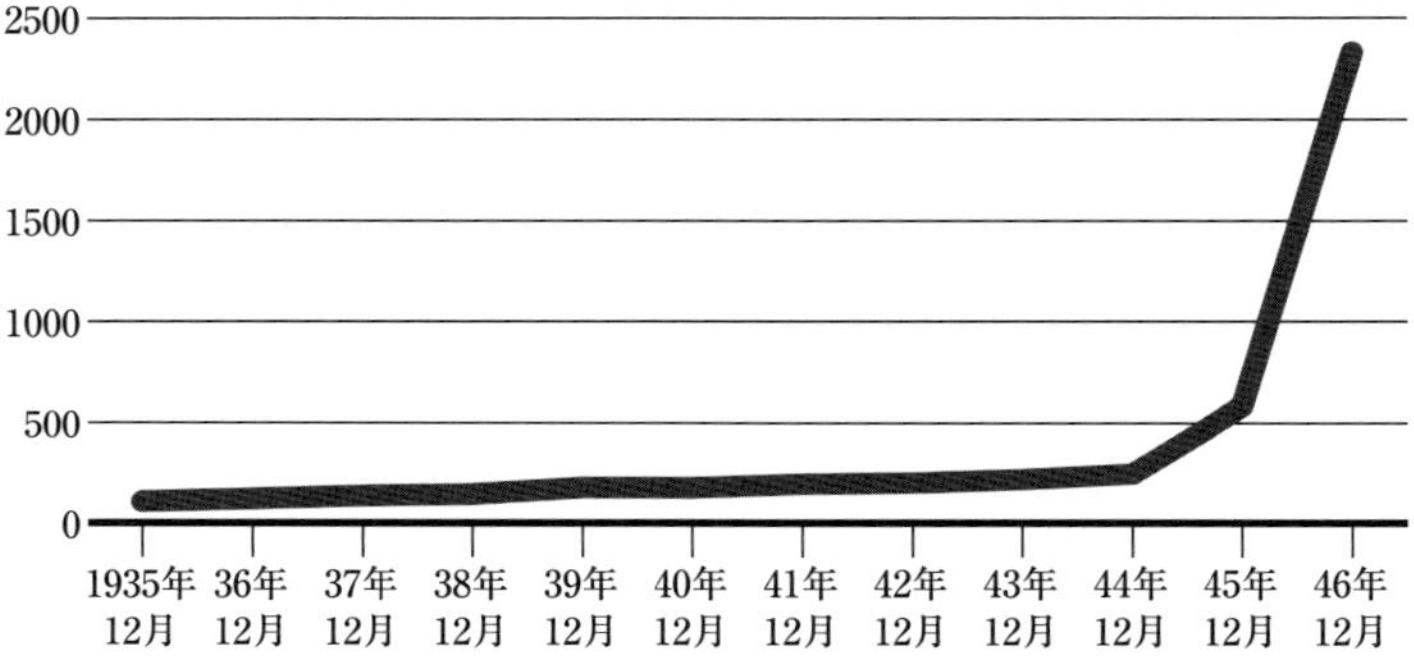

※1933年基準東京卸売物価指数
出典：日本銀行金融研究所「昭和8(1933)年基準東京卸売物価指数」

ことにしました。簡単に言えば、労働者を公務員化したようなものです。

この負担をまかなうために政府は大量の紙幣を刷りました。紙幣を大量に発行すれば、貨幣の価値は下がります。もともとインフレだったドイツは、この占領事件を契機にハイパーインフレへと突入したのです。

ちなみに日本のもっとも新しいハイパーインフレも、第二次世界大戦直後に起きました（図表25）。戦争は非常事態であり、戦後の復興も含めて物資はいくらあっても足りません。また、民間企業も国有化されたりして、とにかく政府の負担が膨らみます。これに対応するには、マネープリンティングしかない。それがハイパーインフレを招きます。戦後の日本も、まさにマネープリンティングが原因でハイパーインフレに突入しました。

ひるがえって、いまはどうでしょうか。

日銀は量的緩和をしていますが、戦争中や戦後と比べればレベルが違いますね。

もし日本がハイパーインフレになるとしたら、それこそ中国や北朝鮮と長期的に戦争をしたときくらいのものでしょう。そしていまのところ、戦争のリスクは限りなく低い。突発的な小競り合いが起きる可能性はあるかもしれませんが、泥沼化させるほど日本や他国は頭が悪くありません。

ハイパーインフレへの不安を煽る言説は、鼻で笑っていいと思いますよ！

Q 外国人の国債保有率が上がるとギリシャみたいになりますか？

A 国債の海外投資家保有率上昇、むしろ安泰のサインです

戦争は起きないかもしれないが、日本政府は借金まみれじゃないか。財政が破綻の危機を迎えたら、結局、ハイパーインフレが起きるに違いない——。

そう心配する人もいるかもしれませんね。

たしかに日本は借金まみれです。二〇一六年の日本の債務残高は、対ＧＤＰ比で二三二・四％あります。一般家庭にたとえると、ＧＤＰは年収。つまり日本という一家は、年収の倍以上の借金を背負っている状況です。

借金の大きさは国際比較でもずば抜けています。ギリシャは二〇一一年にデフォルト

（債務不履行）の一歩手前までいきました。でも、当時のギリシャでさえ債務残高は対GDP比で一一一・二％です。いまの日本がいかに大きな借金を背負っているのかがわかるというものです。

ただ、借金が膨らんでいるからといって、ギリシャと同じように破綻一歩手前と考えていいものでしょうか。

よく指摘されるのが、「日本の借金は国内で完結している」ということです。日本の政府は借金をするとき国債を発行しますが、その国債を買っているのは日本の企業、個人がほとんど。つまり身内の中でお金を回しているだけなので、日本という一家全体で見ればチャラじゃないかという理屈です。

日本楽観論者の私としては、「日本の借金は国内で完結」説を大いに支持したいところです。この説が正しいなら、日本の借金の話題は終わりにして、次のポジティブな話題に移れますから（笑）。

ただ、実は近年、状況は変わりつつあることを正直にお話ししなくてはいけません。

まず次ページの図表26を見てください。これは日本国債の日銀と民間企業、海外投資家の保有率割合を比較したグラフです。これを見ると、アベノミクス以降、日銀の国債保有割合が高まっていることがわかります。つまり日本の民間企業は国債を買わなくなっていて、日銀が最後の買い手になっている状況です。

図表26 ｜ 日銀、民間企業、海外投資家の日本国債保有割合

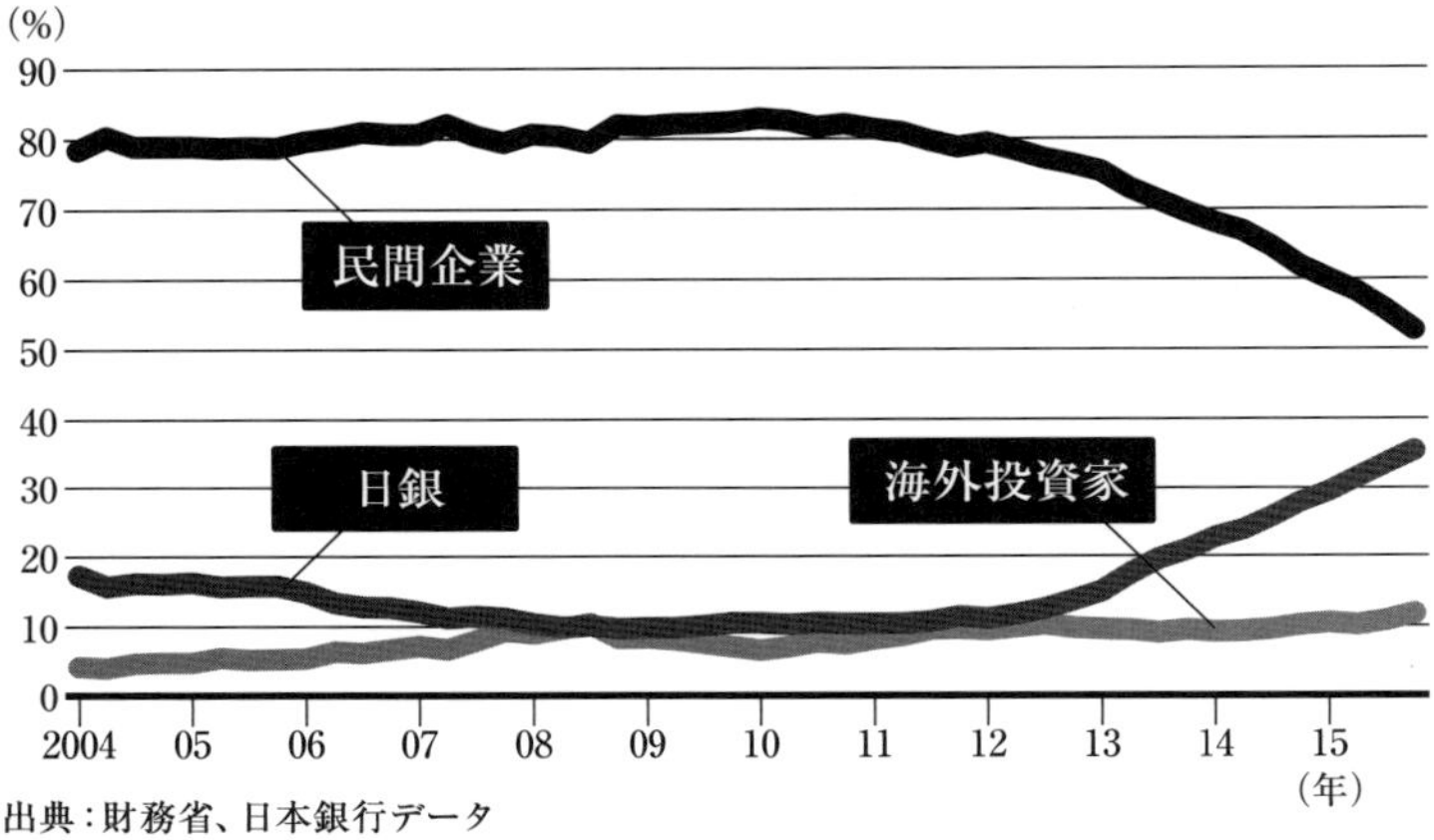

出典：財務省、日本銀行データ

とはいえ、日銀がセルフファンディングするのも限界があります。では、いま国債を買ってくれているのは誰か。実は海外投資家です。

図表26を見ると、国債の海外投資家保有率は二〇一〇年で七・五％に過ぎませんでした。これほど低かったからこそ、「日本の借金は国内で完結」説が説得力を持ちました。しかし、二〇一五年は一一・八％まで増えています。

この割合の分母には、日銀が保有している国債も含まれています。日銀保有の国債は流動性が低く、それを含めた数字は実態を反映していないと考えることもできます。そこで日銀保有の国債を除いて計算し直すと、海外投資家の保有率は一八・二％に（図表27）。いまや市場に流通する国債の約

図表27 ｜ 日本国債の海外投資家保有率

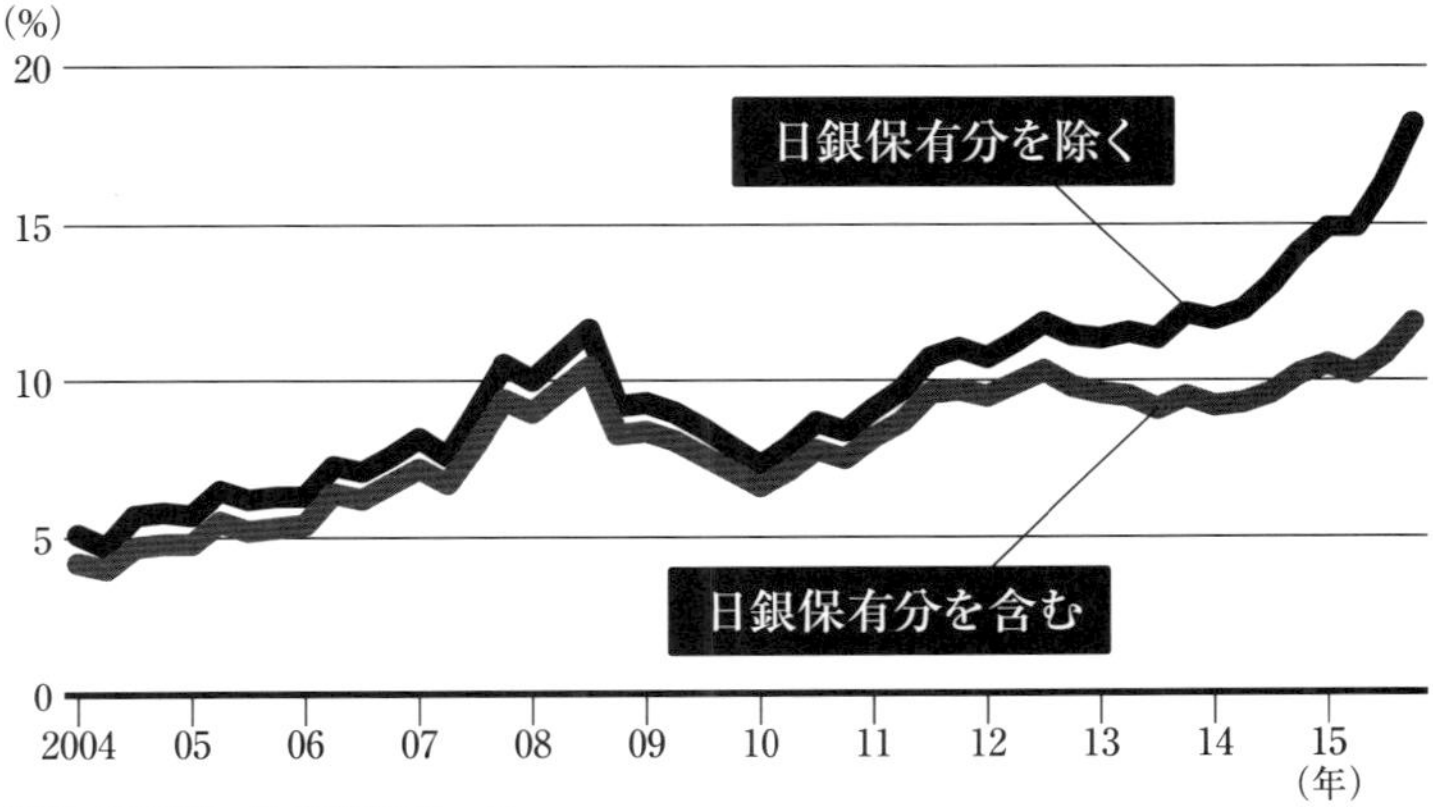

出典：財務省、日本銀行データ

五～六分の一は海外投資家が買っています。ここまで海外の保有率が高まると、日本の借金は国内で完結しているとは言えないでしょうね。

では、国債の海外投資家保有率が高まったのは、日本破綻の序曲となるのでしょうか。

私はそう思いません。むしろ日本にとってはいい兆候です。

FRBのベン・バーナンキ前議長は、議長に就任する前の講演で「過剰貯蓄仮説」を唱えました。世界経済が悪くなるのは、経常収支が黒字の国が投資せずにお金を貯め込んでいるからだという仮説です。この説の真偽はともかく、産油国やドイツ、中国など一部の国は経常収支が黒字なのに、どこにもお金を使っていなかったことはたしかです。

お金を使わない理由は簡単です。それは、魅力的な投資先がないからです。ヘタな投資先に儲けたお金を注ぎ込むくらいなら、そのまま貯蓄しておいたほうがマシというわけです。


どこかに投資したいが、魅力的な投資先がない……。


実はいま日本の国債市場に流れ込んできているのは、そうやってだぶついていたお金です。つまり海外の投資家は、「日本なら大丈夫」とあらためて魅力を認識して、日本国債を買い始めているのです。

海外の投資家は、別に日本を支えたり応援したりするために日本の国債を買っているわけではありません。あくまでも客観的な評価を下したうえで購入を決めます。その意味では、日本人が日本国債を買い支えている状況より、よほど信頼ができるのではないでしょうか。

日本の借金は、もはや国内で完結しなくなりました。しかし、海外の投資家が日本国債を買ってくれるのは、日本は破綻しないと客観的に判断しているから。近年の現象は、むしろ日本安泰のサインなのです！

Q 貿易赤字になると、国は凋落していくのでしょうか?

A フローで債務国になったのは、産業構造が変わったから

日本の借金は、もはや日本国内で完結しなくなりました。ただ、外国人が日本の国債を買う=日本にお金を貸すのは日本を評価してのことですから、海外に借金すること自体はまったく悪い傾向ではありません。逆にポジティブにとらえるべきです。

海外への負債が増えてもうろたえる必要がない理由は、もう一つあります。

それは、日本は海外への負債以上に、海外に資産を持っているからです。

日本の対外純資産は三三九兆円です(二〇一五年末)。対外純資産は海外に持つ資産から負債を差し引いた額です(一〇五ページ・図表28)。それがプラスだということは、海外への

借金を返済するために資産を売ってもまだ余るということ。借金が国内で完結しなくなっても、何ら慌てることはないのです。

しかも、対外純資産の額は、二五年連続で世界一です。ストックで言うと、日本は世界で一番の黒字国。これで「借金が多すぎて破綻する」などと言っていたら、他の国の国民に怒られますよ。

実際、破綻一歩手前までいったギリシャは対外純資産がマイナスでした。もともとストックが赤字ですから、破綻しやすいのはあたりまえ。世界一の黒字国である日本とは前提となる条件が違っていたのです。

なかには、「日本が黒字国なんてウソ。すでに貿易赤字国に転落したはずだ」と反論する人がいるかもしれません。

たしかに日本は二〇一一年から貿易赤字国になりました。二〇一六年は六年ぶりの黒字となりましたが、赤字の状態が五年間続いたのです。その間はストックでは世界一の債権国でも、フローでは債権国から債務国になっていました。一般家庭にたとえるなら、外にたくさんの貯金はあるけれど、家計はマイナスといった状態です。

かつての日本は、世界でも有数の貿易黒字国でした。にもかかわらず、なぜ貿易赤字になったのでしょうか。

図表28 ｜ 日本の対外純資産

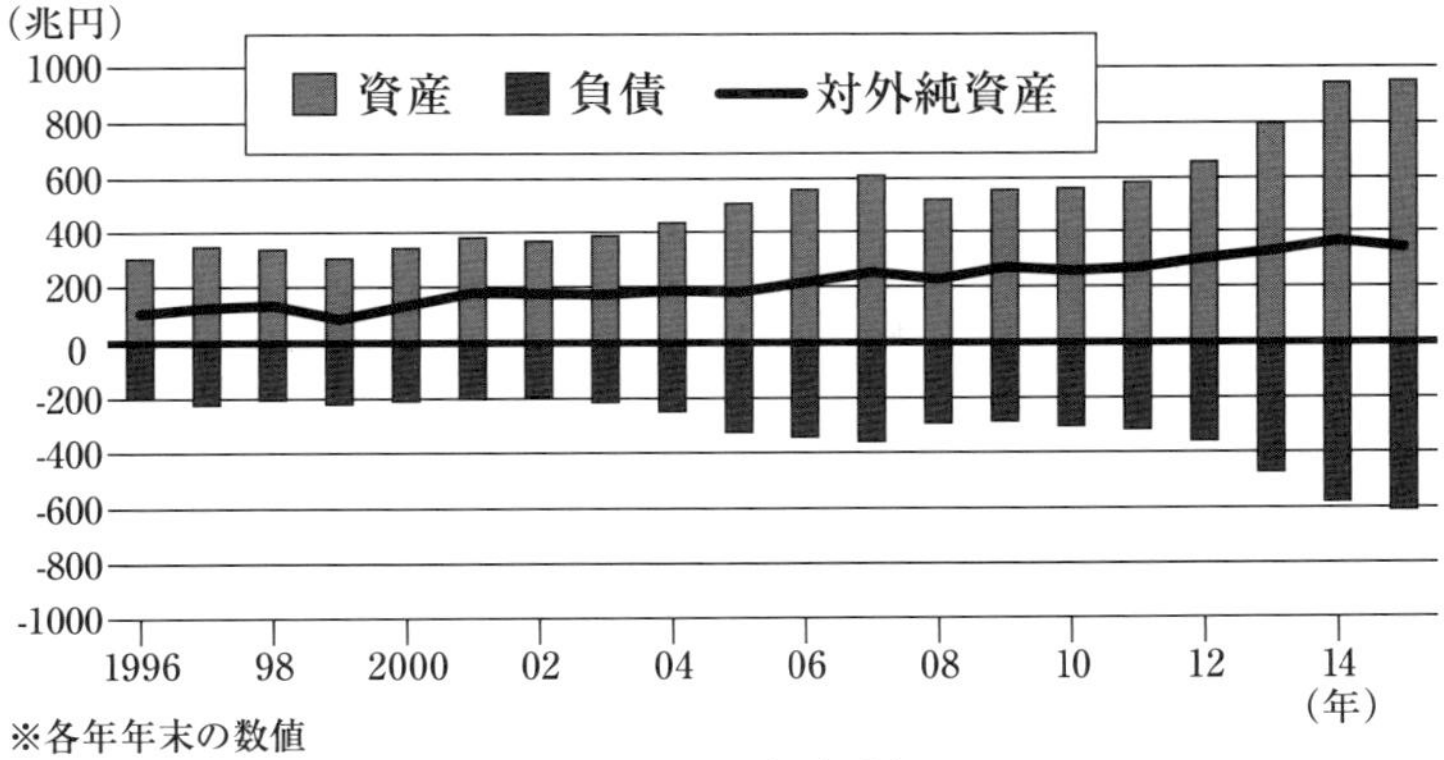

※各年年末の数値
出典：財務省「本邦対外資産負債残高の推移 」（暦年末）

原発停止の影響で原油などエネルギーの輸入が増えたから？

その答えは半分正解で、半分ミステイクです。

実はエネルギーの輸入「量」は、東日本大震災後もほとんど増えていません。変わったのは「額」です。原油高が震災後も三年ほど続いて、為替も円安になりました。その結果、エネルギーの輸入コストが膨らみ、輸入額が輸出額を上回るようになったのです。

注意したいのは、輸入額を押し上げたのはエネルギーだけではないという点です。たとえば他にも電子部品、機械、食品、洋服といったものの輸入額が増えています。これらはエネルギーコスト増の影響を直接受けるわけではありません。だとすると、日本の貿易赤字は一時的なエネルギーコスト増によるものではなく、構造的なものである疑いが濃くなります。

現に、原油価格は二〇一五年から急激に下がっています。それでも二〇一五年は貿易赤字を解消できず、二〇一一年から五年連続の赤字になりました。二〇一六年には黒字に転換しましたが、日本は赤字体質の債務国であることに変わりはないでしょう。

問題は、構造的に貿易赤字国になることが日本にとっていいことなのか、悪いことなのかということです。

心配なのはストックに与える影響ですが、これは微々たるものです。二〇一五年の貿易赤字額は二兆八三二二億円です。一方、対外純資産は三三九兆円ですから、毎年資産を取り崩すとしても一〇〇年以上かかります。

それよりも、私は日本の産業構造の変化に注目すべきだと考えます。

先ほどあげた電子部品、機械、食品、洋服といったものの輸入が増えたのは、それらの製品を日本国内でつくらなくなったからです。国内でつくらなければ海外から輸入するしかない。輸入が増えるのは当然ですね。

日本から工場が消えるのだから、これはいいことではない？

図表29 ｜ 貿易収支と失業率の関係

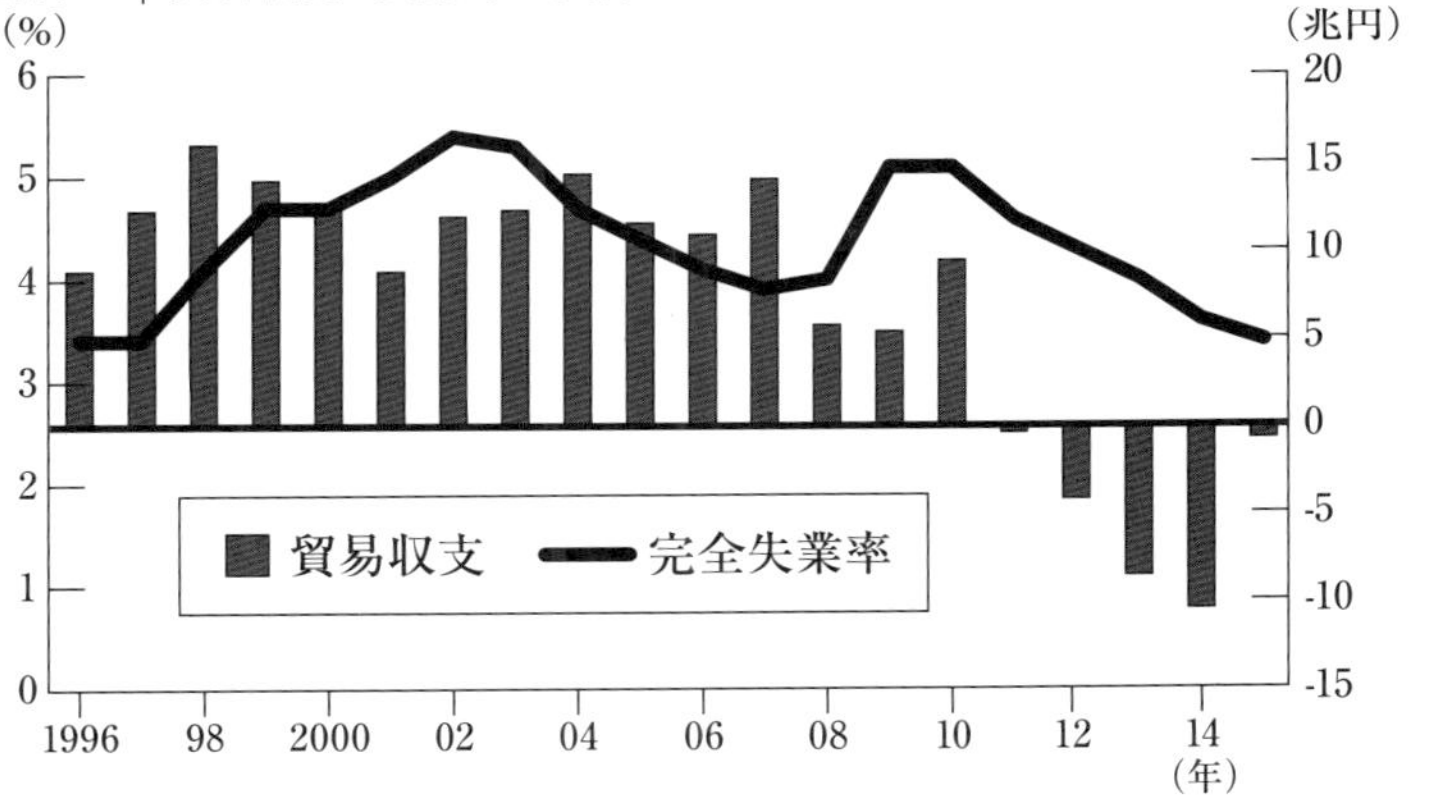

出典：財務省「国際収支状況」、総務省統計局「労働力調査」

それは一昔前の議論です。良くも悪くも日本の製造業の海外移転はすでに終わっています。その証拠に、輸入額が増えて貿易赤字になった後、失業率は四・五八％から三・三七％に下がっています（図表29）。

工場移転ブームは終わった後なので、輸入が増えたからといって雇用が失われるわけではない。いま日本で雇用の受け皿になっているのはサービス業ですから、貿易収支が赤字になろうと黒字になろうと関係ないのです。

企業にとっても、貿易赤字はあまり関係のない話です。メーカーは現地に工場をつくって、そこで儲けたお金を現地で再投資しています。そのため日本国内にすぐ還元されるわけではありませんが、成長のために再投資は欠かせませんから、長い目で見てプラスになるでしょう。

じつはアメリカは一九六〇年代から貿易赤字が長らく続いています。

それでアメリカの経済はどうなっていますか？　格差の問題はありますが、経済そのものは絶好調ですよね。

日本では、貿易赤字が悪いことのように報じられます。

しかし、トレードオフになるもの——たとえば失業率の改善——が得られるなら、貿易赤字を必要以上に敵視する必要はありません。すでに産業構造は変わったのですから、それに合わせて建設的な議論を始めるべきです。

Q 家計の貯蓄率がマイナスに。いつか預金封鎖が起こりませんか?

A 家計が赤字になるほど未来は明るくなりますよ

日本は破綻しないという主張の根拠として、莫大な額にのぼる個人資産をあげる人がいます。日本の政府は大量の国債を発行しているが、日本にはそれを上回る額の個人資産があるので問題ない、という理屈です。

日本政府発行の国債、借入金、政府短期証券を合わせた借金の残高は、一〇五三兆円です(二〇一六年六月)。一方、日本の個人資産の合計は、一七五二兆円(二〇一六年九月)に達しています。

図表30 ｜ 日本の家計貯蓄率

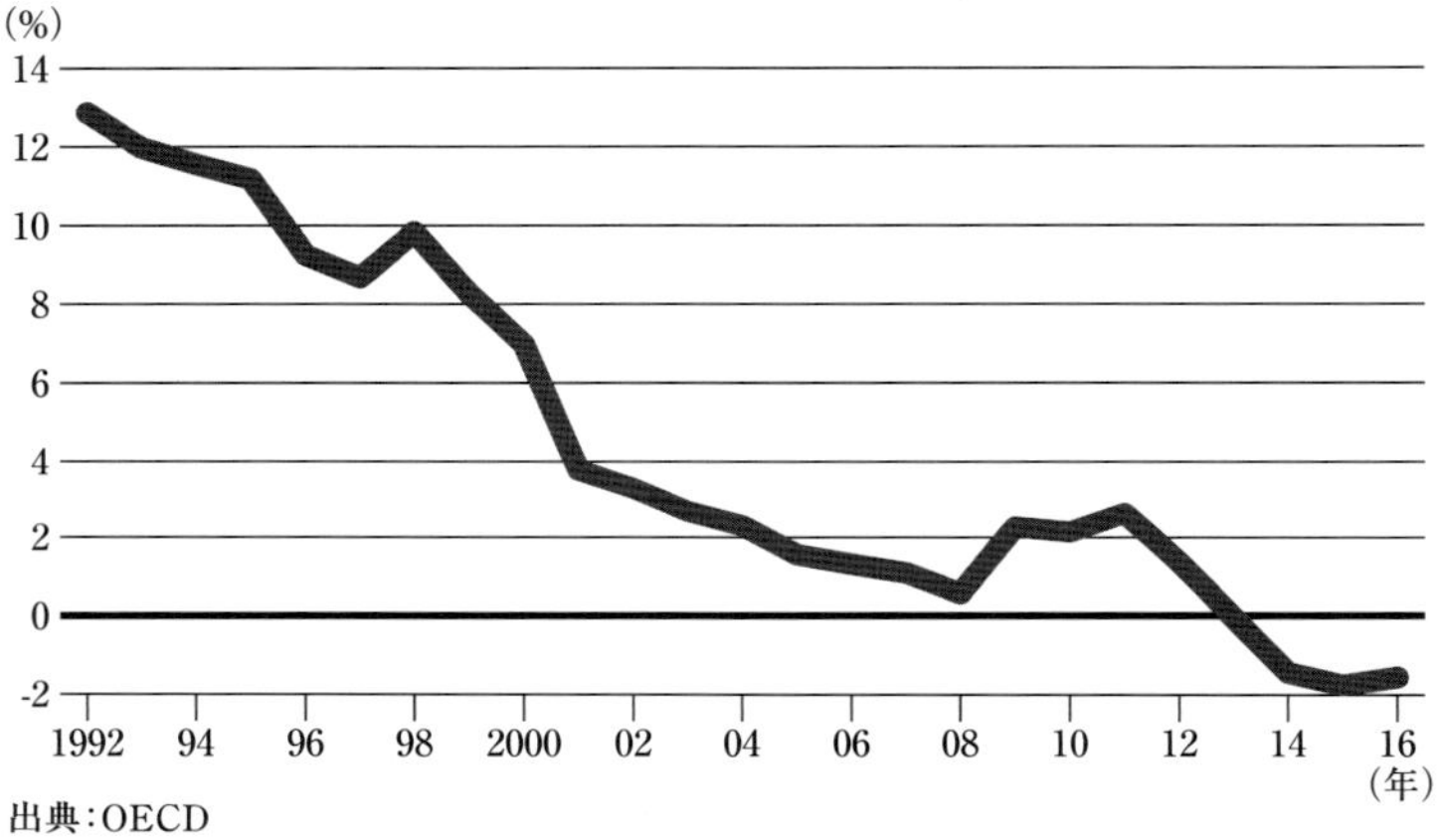

出典：OECD

先に指摘したように、近年は日銀や海外投資家の国債保有率が高まっています。ただ日銀や海外投資家が国債を買わなくても、数字上は問題ありません。政府の借金より個人資産が大きいので、国民がみんなで支えれば政府が破綻することはない。

ただ、これはあくまでもストックの話です。

実は二〇一三年、家計貯蓄率がマイナス一・二七％を記録しました（図表30）。

家計貯蓄率は、家計の可処分所得のうち貯蓄に回った額の割合を指します。この数字がマイナスになったということは、フローで赤字になったということです。

具体的にいうと、稼いだお金以上に支出をして、これまで貯蓄していたぶんを取り崩したときにはマイナスになります。

日本の家計貯蓄率は高水準でした。一九七〇年代は二〇％台で推移して、バブル崩壊後も一〇％弱をキープしていました。二〇〇〇年代に入って一～三％と低迷していましたが、それでも一度もマイナスになったことはありませんでした。

ところが、二〇一三年にとうとう家計が赤字になります。翌年（二〇一四年）にはまたプラスに戻したのですが（それでも〇・〇七％で、ほぼトントンです）、フローでマイナスになったのは史上初めてのことなので、驚いた人がいるかもしれませんね。

実は私は家計貯蓄率がマイナスになったことをポジティブにとらえています。理由は二つあります。

まず一点目として、フローでマイナスになったとしても、ストックに与える影響はほとんどありません。貿易赤字が対外純資産の額に大きな影響を及ぼさないのと同じで、大騒ぎする必要はまったくない。

二点目は、マイナスの貯蓄率は世代間の所得移転を促すからです。

日本には膨大な個人資産がありますが、資産を持っているのは高齢層であって、現役世代ではありません。高齢者はお金を貯め込むいっぽうで使わない傾向があるため、経済を活性化させるには現役世代にお金を移転しなくてはいけません。

では、どうすれば高齢者の資産を現役世代に移せるのか。

代表的な施策は相続税です。

二〇一五年から相続税が改正されて、従来より相続税の課税対象が広がり、税率も高くなりました。相続税が重くなれば、節税のためにさまざまな優遇策を使って生前から贈与する人が増えます。それを狙った重税化です。

しかし、対象が広がったとはいえ、相続税を支払わなければいけない人は依然として一割以下。ほとんどの人には関係のない話です。

また全体的に高齢化しているので、相続を受ける側も高齢者です。相続を受ける側の平均年齢をご存じですか。なんと六二歳ですよ！

一世代スキップして所得移転ができるように、孫の教育資金贈与を一五〇〇万円まで非課税にする制度もできました。ただ、まだ不十分です。今後さらなる拡充がないと、相続税でお金を現役世代にトランスファーさせることは難しいでしょう。


私は、現役世代に資産をトランスファーさせる主役はサービスだと考えています。

たとえば高齢者が介護サービスを使えば、お金は介護施設で働いている現役世代の介護士さんに移りますよね。また、リタイアした夫婦が旅行に出かければ、旅館など観光地で働く人たちの利益になります。

このように高齢者に必要なサービスや高齢者が使いたくなるサービスを充実させること

で、現役世代の財布が厚くなっていきます。

ここで家計貯蓄率に話を戻しましょう。

家計貯蓄率がマイナスになったのは、実は高齢者が資産を取り崩し始めたからです。年金だけでは豊かな生活を維持することができなくなり、いままで貯め込んでいたストックを吐き出し始めたわけです。

高齢者の多くは家や車など、すでにモノを十分に持っています。お金の使いみちのほとんどはサービスです。よって家計貯蓄率がマイナスになれば、高齢者の資産はサービス業の担い手である現役世代にトランスファーされます。だからマイナスの家計貯蓄率はウェルカムなのです。

詳しくは次章で説明しますが、私は日本の少子高齢化を深刻に考えてはいません。プラスの面もたくさんあります。ただ、少子化が進めば高齢者を支える現役世代の負担が重くなってしまう。それは大きな課題として残されています。

しかし、家計貯蓄率がマイナスになれば資産のトランスファーが進み、お金の世代間格差が緩和されます。その意味で、家計貯蓄率はもっとマイナスになっていい。高齢者にお金を使ってもらうことが日本に明るい未来をもたらすのですから。

Q

お金は貯蓄しないで投資に回すべきなんでしょうか？

A

「貯蓄から投資へ」なんて信じてはいけません！

高齢者がお金を使えば現役世代にお金が回ってみんなハッピーになると指摘しました。ただ、一つ付け加えておきたいことがあります。高齢者に資産を消費してもらうのはいいが、投資に回させるのはどうか、ということです。

いま政府は盛んに「貯蓄から投資へ」と訴えていて、投資すれば優遇される政策をいろいろと打ち出しています。

たとえばＮＩＳＡ（少額投資非課税制度）がそうですね。こうした優遇制度をつくったのは、貯蓄されたまま活用されていないお金を株式市場に流れ込ませて、株価を支えたいという狙いがあるからです。

また、二〇一七年から個人型ＤＣ（確定拠出年金）が拡充されて会社員も利用できるようになりました。個人型ＤＣには節税効果があります。これも「貯蓄から投資へ」の一環ですね。

しかし、私は「貯蓄から投資へ」というスローガンが大嫌いです。金融関係者と仕事をしているので袋叩きにあいそうですが、嫌いなものは嫌いなのです！

私が「貯蓄から投資へ」に批判的な理由は二つあります。

まず一つは、高齢者が投資をしても現役世代に資産がトランスファーしないからです。相続税なら税の再配分機能で現役世代にお金を回せます。またサービスへの消費も、働き手である現役世代にお金が回ります。

しかし、投資しても損しないかぎり資産のトランスファーは起きないし、トランスファーが起きてもその受益者は他の投資家です。潤うのはもともとお金を持っている人たちばかりで、現役世代には直接プラスになる影響はありません。

もう一つは、投資にはリスクがともなうからです。

個人の投資は、余剰資金でやるべきです。余剰資金というのは、たんに収入から生活費を差し引いた残りという意味ではありません。子どもに教育を受けさせる資金や自分の将来の介護費用など、ライフプランにもとづいて必要とされるお金を差し引いて残ったお金が、本当の意味での余剰資金です。

余剰資金で投資するなら、仮に運用に失敗しても人生に大きなダメージはありません。せいぜい海外旅行に行けなくなって、近場の温泉で楽しむくらいのことでしょうね。

しかし、投資へのハードルを低くし過ぎると、余剰資金ではなく必要な資金を投資に回す人も増えてきます。これはけっしていいことじゃない。

もちろん自らの意思で投資する人は思う存分にやればいいでしょう。でも、その意思のない人を誘惑して必要資金を投資につぎ込ませた結果、損失が出たらどうするのか。投資は自己責任ですから、誰も責任を取ってくれません。だからこそ甘いエサをぶらさげて誘い込んではいけないのです。

私は企業の内部留保を使わせる政策には賛成です。内部留保を使う先は人件費や設備投資が理想ですが、必ずしもそうじゃなくていい。増配や自社株買いに使ってくれるなら、それはそれでオーケーです。

しかし、個人の家計を企業と同列に考えてはいけません。貯め込んだ資産を吐き出させる方向に導くとしても、それは現役世代に資産をトランスファーさせるなどの目的に限るべきです。金融市場を活性化させるために使わせるのは、個人の幸せを何も考えていない愚策です。

第4章

実はトランプ勝利で活性化する日本

Q トランプ大統領誕生でなぜ株価が上がったんですか？

A トランプ勝利で短期的に株の買い材料がいっぱい！

二〇一六年のアメリカ大統領選で、メディアを含めた多くの日本人が予想だにしなかった二つのサプライズがありました。

一つは、劣勢を伝えられていた共和党候補ドナルド・トランプ氏が、民主党候補のヒラリー・クリントンを破ったこと。そしてもう一つは、トランプが勝利した後にアメリカの株価が上昇したことです。大統領選投票日の前日（一一月七日）のNYダウ平均株価は一万八二五九・六〇ドルでした。当選後は上昇を続けて、大統領に就任した一月二〇日には一万九八二七・二五ドルになっています。

トランプは政治的には保守主義者であり、経済面では保護貿易主義者です。メキシコから安い労働力が入ってくることに批判的で、関税を高くして海外から安い製品が入ってくることも防ごうとしています。さっそくメキシコに工場をつくろうとしていたGMを名指しで批判して、工場建設を撤回させる剛腕ぶりを見せつけています。

経済発展には自由貿易が欠かせないと考えている人たちにとって、トランプが打ち出す保護主義的政策はネガティブなものに映ります。日本の識者たちもそう考えていて、トランプ大統領誕生でアメリカ経済は失速するだろう（だからこそアメリカ国民はトランプを選ばないだろう）と踏んでいました。

ところが蓋を開けてみると、トランプが勝って株価は上昇しました。日本の識者たちにとってはアンビリーバブルだったでしょう。

ただ、海外の投資家たちは、トランプが勝てば株価が上昇するということをある程度織り込んでいました。トランプが勝ったのは予想外でしたが、勝てばポジティブな材料になるということは予想していたのです。

では、トランプの政策の何が評価されたのか。ポイントは四つあります。

最大の理由は、減税政策です。

現在、アメリカの法人税は四〇・七五％です。これは世界でもかなり高い税率です（図

表31)。その結果、アメリカのグローバル企業の一部は、アイスランドなど法人税の安い国に本社を移してしまいました。法人税率を高くしても、税金が自国に納められないのであれば意味がありません。

そこでトランプは法人税率を一五％に引き下げることを公約に掲げました。海外に移転したグローバル企業を呼び戻すためですが、もし実現すればアメリカ国内の企業も減税の恩恵を受けて収益が伸びることが予想されます。よって株価が伸びているのです。

もっとも、議会は一五％への引き下げに反発するでしょう。目論みどおりにグローバル企業が戻ってこなければ、税収が減って財政赤字が膨らむからです。

おそらく最終的にはお互いに譲歩して二〇～二五％程度の法人税率になると予想しています。それでも法人税減税が企業に与える恩恵はとても大きいでしょうね。

また、トランプは所得税減税も打ち出しています。現在七段階になっている連邦所得税率を三段階にして、所得税を支払う必要のない層を拡大させ、最高税率は三九・六％から二五％に引き下げる方針です。減税で家計が楽になればそのぶん消費にお金が回りますから、経済にはプラスです。これも市場関係者に評価されている点の一つです。

法人税や所得税、その他の税金も含めて、トランプは一〇年で六兆ドルの減税を行うと言っています。減る税収をどうやって補うのかはっきりせず、次世代にツケを回すだけになるかもしれませんが、短期的には市場に大きなプラス効果を与えることは間違いないで

図表31　各国の法人税の実効税率

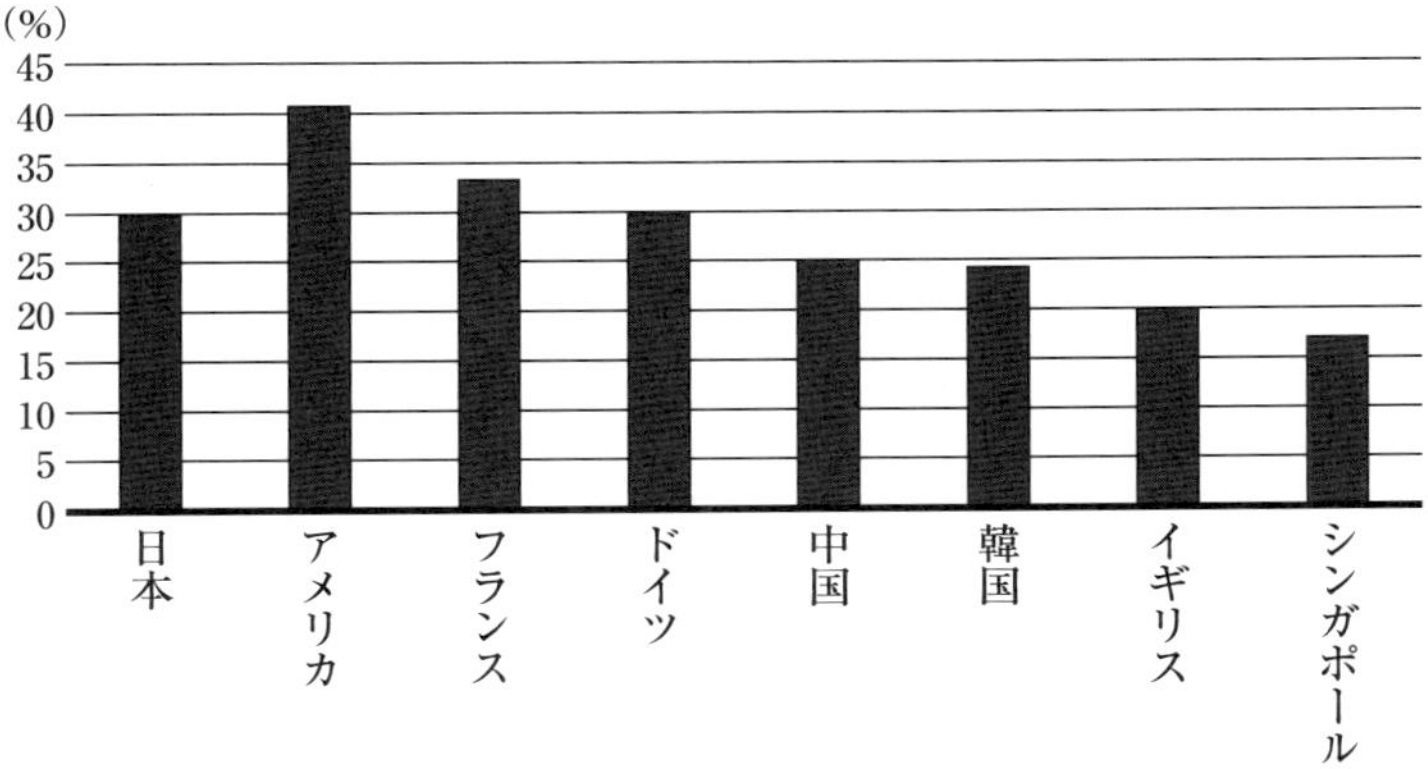

出典：財務省ホームページ（2016年４月現在）

しょう。

二つ目のポイントは公共投資です。

トランプは、今後一〇年間で一兆ドルの公共投資をやると言っています。この政策は驚きでした。トランプが属する共和党は、伝統的に「小さな政府」、つまり減税・公共事業減をポリシーにしています。トランプの減税は共和党のポリシーに合致していますが、巨額の公共投資は逆に反しています。共和党内で反トランプの動きが起きたのも、ここに一因があるのでしょう。

トランプが公共投資でお金を注ぎ込もうとしているのは、道路や空港、公共交通、港湾といったインフラです。これらのインフラは老朽化が進んでいるので、たしかにどこかのタイミングで投資が必要です。

これも財源の目途がわからない部分があ

りますが、実現すれば経済効果は大きく、アメリカ国民の暮らしも快適なものになるでしょう。

三つ目のポイントは規制改革です。

金融業界ではボルカールール（銀行のデリバティブ取引などを禁止するルール）を撤廃するかどうかに注目が集まっていますが、それ以上に注目すべきなのは医療改革へのスタンスです。

前大統領のオバマは、先進国の中で唯一、国民皆保険制度が整備されていなかったアメリカにオバマケア（米国版国民皆保険制度）を持ちこみました。オバマケアは歴史的な改革でした。ただ、賛否両論があって、とくに中小企業の経営者からは悲鳴があがっていました。フルタイムの従業員が五〇人以上の会社は従業員に医療保険を提供しなければならず、そのコストが重くのしかかっていたからです。

トランプはオバマケア撤廃を掲げています。完全に撤廃するのは困難ですが、規制緩和して中小企業の負担を軽くしてあげることはできるでしょう。規制緩和されれば労働者にはマイナスですが、企業にとってはプラスです。これも株価を押し上げる要因の一つになっています。

四つ目は、エネルギー政策です。

一バレル一〇〇ドルを超えていた原油価格は、二〇一四年後半から急落して、一時は三〇ドル前後になりました。原油価格が安くなると、自国でお金をかけて石油やガスの開発をするより、産油国から原油を輸入した方が得です。だから革命と言われたシェールガスの開発も止まってしまいました。

しかし、トランプは他国にエネルギーを頼らなくていい国にすると公言しています。具体的には、国内の石油・ガス開発を進めるため、連邦政府管轄の土地を開放する方針です。これによってエネルギー関連の投資は復活します。市場の循環を考えてもそろそろ原油価格が上昇するころですから、エネルギー投資には追い風です。

以上がトランプ大統領誕生で株価があがった理由です。

実際にトランプがこれらの政策をすべて実現できるのかどうかは未知数です。しかし、党内に支持基盤がないトランプは、なんとしてでも景気を良くして国民の支持を取りつける必要があります。そう考えると、実現の可能性はそれなりに高いと思います。

経済成長率も、年四〜五%に届くのではないか。私はそのように予想しています。

Q 保護主義台頭で日本企業は窮地に立たされるのでは？

A 減税で日本企業は三％の利益が見込めるでしょう

トランプの経済政策は、アメリカ経済にプラスの影響をもたらすでしょう。

では、日本にとってはどうなのでしょうか。

じつは日本企業にとってもトランプの経済政策はプラスになります。

なんといっても大きいのは減税です。二二ページで紹介した日本の製造業企業の収益の内訳（図表4）を、もう一度見てください。日本の製造業企業が稼いでいる利益のうち、アメリカでの現地生産分は一四％あります。

アメリカで法人税減税が行われれば、この部分の利益がもっと増えます。私の概算では、

図表32 ｜ ドル／円相場の推移

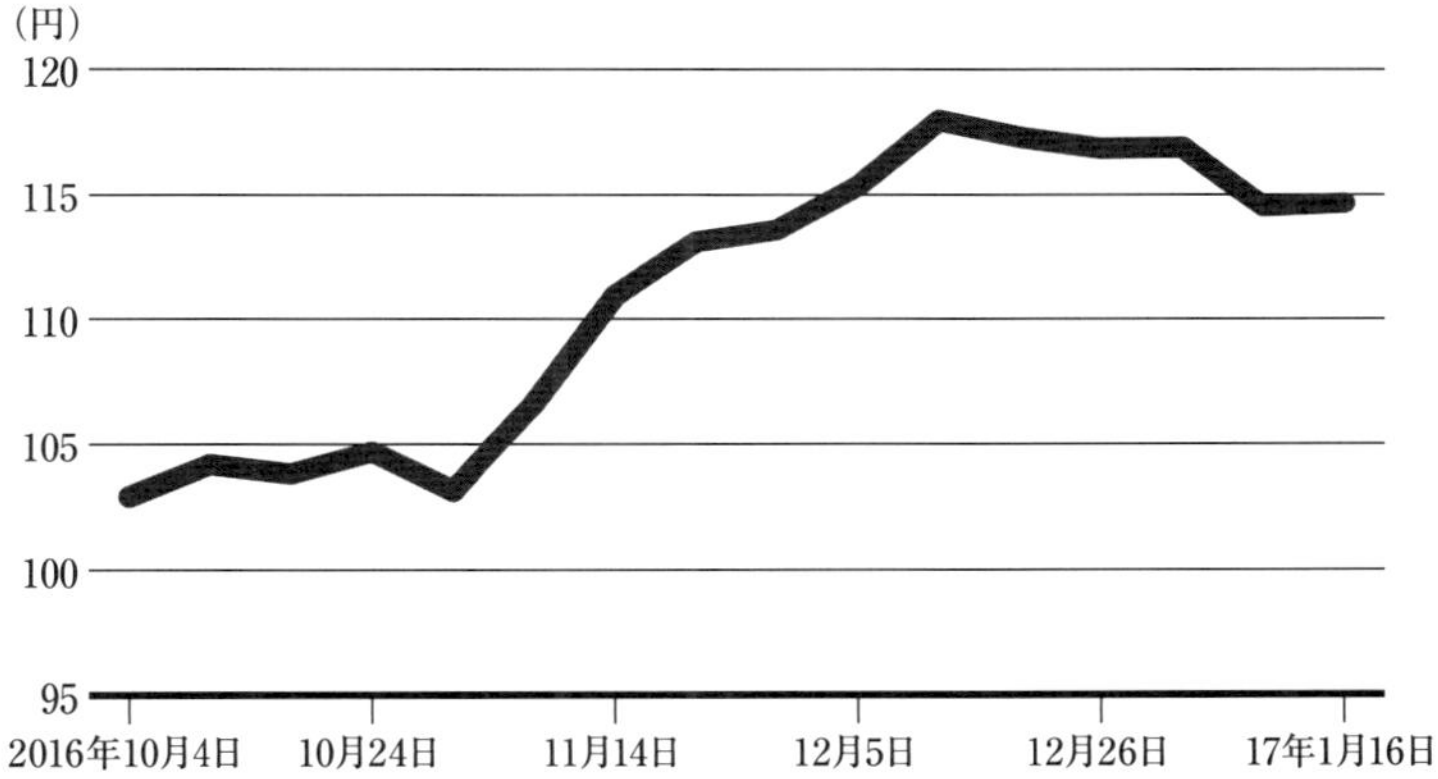

三％の利益増です。

もう一つ、為替も日本にとって都合よく動いています。

トランプの勝利後、為替相場は世界的にドル高になりました。ドル円でも、三カ月で五円前後の円安になりました（図表32）。これは順調に利上げが行われたことに加えて、トランプの経済政策によってアメリカの景気が良くなると評価されたからです。

円安になれば、日本の輸出企業は利益が増えます。二一ページの図表3を見ると、日本の製造業企業の利益のうち、輸出は二八％あります。為替がこのまま円安に動けば、この部分の利益が増えていきます。

日本の製造業企業は現地生産分の利益増に加えて、輸出でも利益を伸ばせます。まさにダブルチャンスです。

現時点でもトランプの経済政策は日本企業に大きなメリットをもたらすと考えられますが、今後の日本企業の対応次第ではメリットをさらに大きくすることも可能です。

トランプの主な支持層は移民に仕事を奪われた白人労働者層です。支持層の声に応えるためには、国内に雇用をつくらなくてはいけません。そのためトランプは海外からの投資を呼び込む優遇策や規制緩和策を次々に打ち出すでしょう。

そのチャンスを日本企業がうまく活用すれば、アメリカ経済も日本企業もプラスになるウィン－ウィンの関係が築けます。

ソフトバンクグループの孫正義さんはトランプが勝った後にさっそくアメリカに行き、トランプと会談しました。会談では、アメリカの新興企業に五〇〇億ドルの投資と五万人の雇用創出を約束しました。トランプも大満足だったようで、孫さんを「マサ」とファーストネームで呼んで称賛する言葉をツイートしていました。

孫さんはトランプを助けるために投資を決めたわけではないでしょう。投資を決めたのは、儲かるチャンスがあると踏んだからです。そう判断したらすぐアメリカに飛ぶ孫さんの行動力はすごいですね。さすが日本を代表する起業家です。

すぐ渡米したといえば、安倍総理の行動力も褒めなくてはいけません。

安倍総理はトランプが正式に大統領に就任する前に訪米して会談を行いました。大統領就任前の会談というだけでも異例ですが、投票日から約一〇日後というスピードは、まさしく異例中の異例です。

残念ながら、会談の内容は明らかになっていません。中心のテーマは、おそらく日米同盟だったでしょう。ただ、トップセールスが得意な安倍総理のことですから、日本の新幹線を売り込んだ可能性も十分にあります。

アメリカは自動車と飛行機の国で、高速鉄道はまったく発展していません。ただ、高速鉄道敷設《ふせつ》の計画は浮上していて、日本企業にとってもチャンスは大きい。ちなみに二〇一七年にはダラスとヒューストンを結ぶ高速鉄道の工事が始まりますが、この鉄道には日本の新幹線技術が使われます。これはもう日本の受注が決まっていますが、今後、ニューヨーク－ワシントン間や、サンフランシスコ－アナハイム間など、新たな高速鉄道計画が目白押しです。これらの計画を日本が受注できるかもしれないと思うと楽しみですね。

トランプが劇的な勝利をおさめた直後、世界の人々はまだ自分たちが夢の中にいるかのような状態だったでしょう。

しばらくして、「いや、トランプ勝利は悪いことじゃないぞ。自分たちも投資をしてうまい汁を吸おう」と世界の企業や投資家は気づき始めましたが、日本の総理大臣や起業家はボーッとしている人たちを尻目に、いち早くトランプにアプローチしました。日本人は慎重で腰が重いと言われますが、この二人に関してはフットワークがとても軽かった。実に頼もしい！

彼らに続く日本企業が出てくれば、トランプ大統領誕生によって日本企業が受ける恩恵はもっと大きくなるでしょう。

Q　そもそもどうしてトランプが選挙に勝ったんですか？

A　中間層の没落、そしてアウトサイダーだから勝利した

アメリカ大統領選の一つ目のサプライズ、そもそもなぜトランプが勝利したのかということも少し解説しておいたほうがいいですね。

実を言うと、私もトランプの当選は予想していませんでした。私は私の政治信条がありますが、分析に私情は差し挟みません。情報を客観的に判断した結果、民主党候補のヒラリー・クリントンが勝つだろうと考え、その前提に立って市場の予想をしていました。

考えを改めたのは投票日の直前です。インターネット上の情報を中心に分析をしている友人から、投票三六時間前に電話がかかってきて、「トランプ勝利の確率は七五％」と知

らされました。
投票日直前になっても、大手メディアは依然としてヒラリー優勢を伝えていました。しかし、いまや世論調査への回答よりツイッターやフェイスブックで人々が漏らす本音のほうが現実をとらえています。私はメディアより友人の分析を信じて、トランプ勝利後のシナリオを改めて検討しました。おかげで世間の人々よりは心の準備ができていたと思います。

このように私も投票直前までトランプ大統領の誕生を予想できなかったのですが、いまなら後付けで結果を解説することもできます。

なぜアメリカ国民はトランプを選んだのか。
それはトランプがアウトサイダーだからでしょう。

アメリカの政治は、インサイダーが担ってきました。ここでいうインサイダーとは、エスタブリッシュメント（支配階級）、もっと具体的に言えばテクノクラート（官僚）や政治家のファミリー、関係者です。
たとえば共和党ではブッシュ親子が大統領になり、今回の大統領でもファミリーから

図表33　世界の世帯年収の増加率

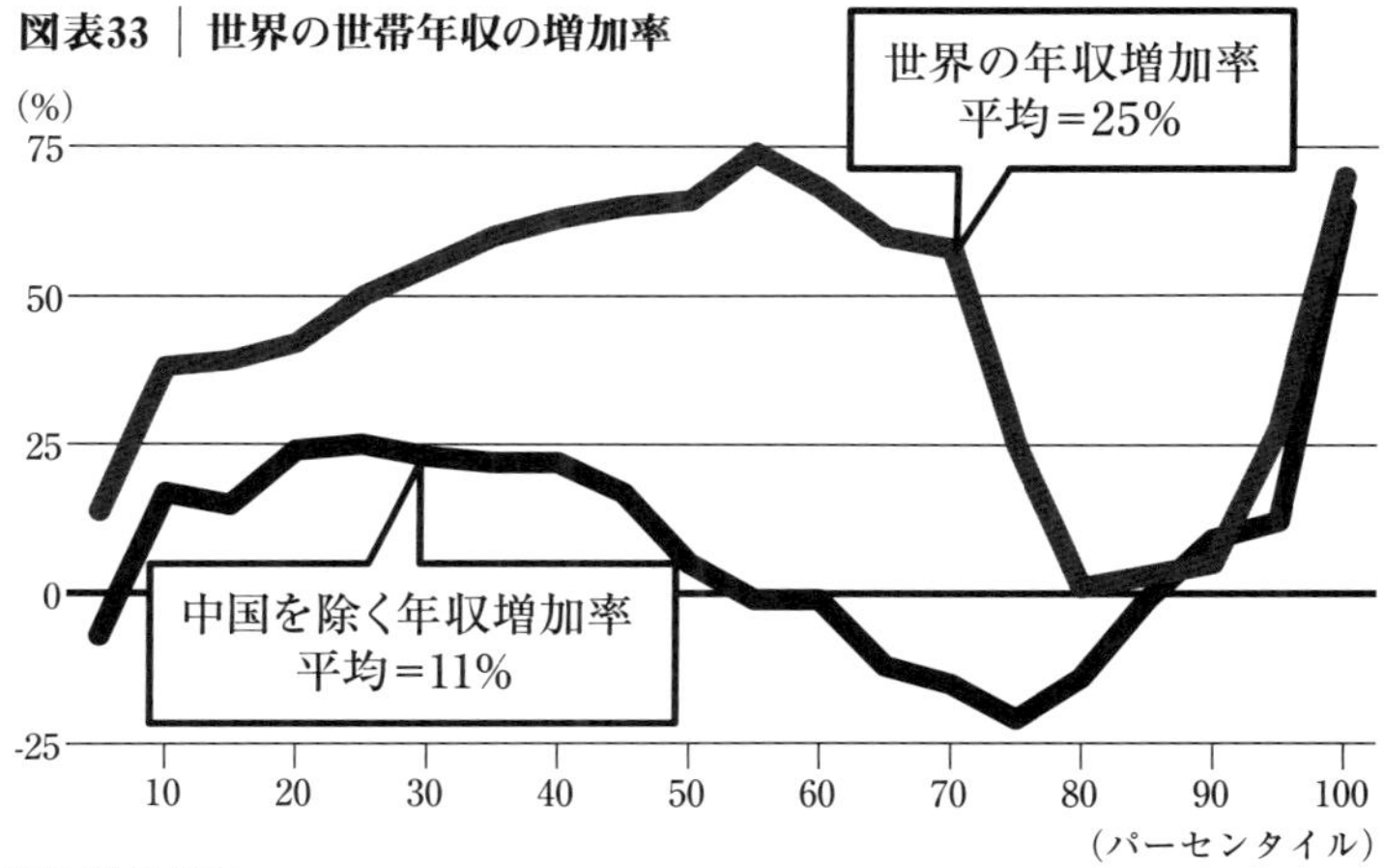

出典：世界銀行

ジェブ・ブッシュが予備選に立候補しました。

民主党でいえば、今回の代表候補ヒラリー・クリントンは夫が元大統領です。

まったく、誰も彼もがインサイダーです！

インサイダーの大統領はある種の安定感があるかもしれません。しかし、格差が社会問題化する中で、生まれたときから「持てる者」だったインサイダーに、多くの国民が反発を感じるようになりました。

格差の拡大は数字で見ても明らかです。

図表33は、一九八八年～二〇一三年の世界的な世帯年収の増加率を表したものです。平均すると年収が約二五%上昇しています。しかし、中国の急成長が数字を押し上げているのは明らかです。

そこで、中国を除いたデータを見ると、二五年間で平均約一一％しか伸びていません。横軸のパーセンタイルは、年収の分布を示すものですが、上位５％の高所得者は年収がおそろしく上がっています。増加率は約六五％に達しています。一方で低所得者層もそれなりに上昇しています。

問題は中間層です。六〇から八〇パーセンタイルの中間層は、むしろ年収が下がっています。これは世界的に中間層が破壊されていることを意味します。

私のまわりでも、「民主党を支持しているが、ヒラリーは鼻持ちならなくて嫌いだ」と言う人は多かった。それが今回、ヒラリーの苦戦につながりました。

では、トランプはどうだったか。

トランプの父親は不動産開発の会社を経営していて、大金持ちです。トランプはまさしく「いいとこのお坊ちゃん」です。

家が裕福なおかげで彼はいい教育を受けることができました。卒業したペンシルバニア大学ウォートン校は、世界トップレベルのＭＢＡです。トランプはヒラリーに対抗するために反エリートを掲げましたが、自身も立派なエリートなのです。

ただ、エリートであっても、政治の世界のインサイダーではありませんでした。ワシントンのテクノクラートから見れば、完全なよそ者です。

トランプ自身はエリートですが、アウトサイダーであることを強調したことでエリート色を薄めることに成功して、怒れる労働者階級の支持をつかむことができたのです。

実はインサイダーからアウトサイダーへのシフトは、グローバルで起きています。たとえばアメリカでは「専門家は不要」という形で表面化しています。これまでアメリカの政策は学者が考えてきましたが、ミドルクラスの年収を引き上げることはできませんでした。アンチエキスパート、アンチインテリジェンスという風潮が強まっているのです。

日本でもインサイダーからアウトサイダーへの流れは起きています。都道府県知事はテクノクラート出身が多いのですが、大阪府知事を務めた橋下徹さんや、いま東京都知事を務める小池百合子さんは完全なアウトサイダーです。

中央政府はどうか。安倍総理は、祖父が岸信介、大叔父に佐藤栄作と、身内に総理が並ぶバリバリのインサイダーです。ただ、安倍総理の言動はインサイダーらしくないものが多い。安倍総理は時代の空気をうまくとらえているのでしょうね。

Q アメリカのＴＰＰ離脱で世界経済は大混乱しますか？

A 元々存在しないＴＰＰで貿易戦争なんて起こりません

トランプの対外政策でもっとも注目されるのは、関税問題でしょう。

トランプは保護主義的傾向が強く、ＴＰＰ（環太平洋戦略的経済連携協定）離脱を公約に掲げていました。実際、大統領に就任した初日にさっそくＴＰＰ離脱を指示しています。アメリカ抜きにＴＰＰをやってもあまり意味がないので、ＴＰＰは事実上、消滅です。

自由貿易は経済を発展させます。その意味で、今回ＴＰＰが不成立になったことは非常に残念に思います。

ただ、ＴＰＰ不成立で、アメリカや日本の経済はダメージを被るという論調は間違っています。

もともとTPPは存在していなかったのだから、不成立になっても現状維持です。プラスに働くこともなければ、マイナスに働くこともない。ノープロブレムです。

すでに存在しているものがなくなるかもしれないという点では、NAFTA（北米自由貿易協定）のほうが心配ですね。

NAFTAはアメリカ、カナダ、メキシコの間で締結された自由貿易協定です。この協定で域内の関税は段階的に撤廃されました。その結果、アメリカ国内に工場をつくらず、人件費の安いメキシコに工場を移転させて、つくったものをアメリカに輸出するという動きが強まりました。

白人労働者は、この動きに対して「NAFTAがあるせいで、メキシコに仕事を奪われた」と不満を抱いていました。トランプはこの不満を解消するために、NAFTAの再交渉を始めるとしています。メキシコから輸入される自動車に三五％の関税をかけると言っています。

ただ、アメリカがNAFTAを離脱する可能性は非常に低いです。

仮に一方的に離脱しても、自動車の関税を三五％に引き上げることはできません。アメリカはWTO（世界貿易機関）に加盟していて、乗用車の関税の上限は二・五％と決まっています。関税を引き上げれば、輸出国はＷＴＯに提訴するでしょう。いくらトランプといえども、そうした事態を招く選択をするとは思えません。

では、ＮＡＦＴＡからの離脱ではなく見直しならどうか。

協定の見直しには、締結国であるメキシコやカナダの同意が必要です。メキシコが自動車の関税三五％を受けるとは思えません。関税が復活することはあっても、最終的には現実的な税率に落ち着くはずです。

メキシコから輸入する自動車だけではありません。私は他の国、あるいは他の輸入品も含めて、トランプは極端な保護主義的政策をとらないと予想しています。

アメリカの企業は、売上高の約半分を海外に依存しています。もしトランプが極端な保護貿易に舵を切れば、相手国も対抗措置として関税を上げてくるため、アメリカの輸出品が高くなって企業は売上を落としてしまいます。企業は懸命にロビー活動をして大統領を止めるでしょう。

トランプも国内企業の抵抗を見越して、最初からある程度の現実路線を歩むに違いありません。

新政権で商務長官に就任したのは、投資家であり、企業再建のプロでもあるウィルバー・ロスです。

彼はもともとＴＰＰ推進派で、自由貿易主義者です。極端な保護主義政策をとるなら、あえて自由貿易主義者を通商関係の重要ポストに就けたりしないでしょう。

トランプは過激な言動が売りなので、保護主義的な発言は今後も続くかもしれません。しかし、実際の政策は発言ほど過激なものになりません。保護主義色が強まるとしても、かなり穏健なものになるはずです。

トランプ大統領誕生で貿易戦争が起きるというのは杞憂です。必要以上に怖がらなくて大丈夫ですよ！

Q アメリカ経済は中長期的にもよくなるんでしょうか?

A トランプノミクス唯一の懸念は「悪いインフレ」

トランプの経済政策、つまり減税と大規模な公共投資、規制緩和は、アメリカに四～五%の経済成長をもたらすでしょう。

ただし、効果がある程度読めるのは、この二年くらいのものです。その先は正直言って不透明です。場合によっては、悪いインフレを引き起こして国民生活を苦しめるおそれがあります。

トランプの経済政策は、一九八〇年代にロナルド・レーガン大統領が行った経済政策、レーガノミクスにとてもよく似ています。レーガンは減税を行い、社会保障や軍事関連の支出を増やして、規制緩和を行って投資を促しました。トランプの経済政策とほとんど同じですね。

ただ、レーガンの時代と現在では、経済環境が大きく違います。

レーガンが大統領に就任したころは、リセッション（景気後退）なのに物価が上昇するスタグフレーションが起きていました。よってレーガンは減税や公共投資で景気を刺激しつつ、金融引き締めでインフレを抑え込もうとしました。その結果、減税や公共投資で財政赤字は膨らみましたが、景気は回復しました。インフレも抑えられて、大統領就任時に一〇％以上あった物価上昇率は二〜四％まで下がりました。一定の成果はあったと評価していいでしょうね。

一方、いまのアメリカは景気が悪くありません。リーマンショックで一時は危機的でしたが、そこからすっかり立ち直り、失業率は一〇％から五％まで下がっています。物価上昇率は安定していて、おおよそ二％前後です。

この状態で、レーガノミクスと同じように減税、公共投資、規制緩和をやるとどうなると思います？

たしかに景気浮揚に効果はあります。だから今年、来年のアメリカ経済はバラ色です。しかし、トランプノミクスは一種のターボチャージャーです。中長期的には薬が効き過ぎて、高インフレを招くおそれがあるのです。

第一章で、アメリカでは学費、家賃、医療費といったサービスの料金が高騰していて、国民生活を苦しめているという話をしました。インフレ率が安定している現状でさえ、生活に欠かせないサービスの料金は高騰しています。これ以上のインフレになったら、低所得者層のみならず中間層も暮らしていけなくなります。国民生活は大ダメージです。

鍵を握るのは、金融政策を担うＦＲＢ（連邦準備制度）の判断です。

トランプノミクスで経済成長率が四～五％になると、金融を引き締めるために政策金利はいま予測されているより速いペースで引き上げられていくでしょう。成長率が四～五％に向かうなら、いま〇・五％のＦＦレート（フェデラルファンド・レート。短期金利の代表的指標）は今年の夏までに二・五％前後、長期金利は六％前後になっていてもおかしくない。

余談ですが、日本はゼロ金利政策を続けるでしょう。その結果、日本とアメリカとの金利差は広がります。金利のつかない通貨よりつく通貨が買われますから、今年はドル高円安の流れがさらに加速します。強いドル、コンニチワです。

話をインフレに戻しますね。

ＦＲＢのジャネット・イエレン議長の任期は、二〇一八年二月までです。その後の議長が誰になって、どのような金融政策を行うのか。それによってトランプノミクスが悪いインフレを引き起こすのか、それとも好景気という甘い果実のみを享受できるのかが決まります。次のＦＲＢ議長の人事に注目です。

Q アメリカ以外の国はどうなるんでしょう？

A 中国発、アジア通貨戦争のリスクにご注意あれ

トランプ大統領の誕生は、日本経済にも好ましい影響を及ぼすでしょう。日本の製造業企業の利益のうち二四％はアメリカへの輸出と現地生産で稼いでいますから、トランプノミクスでアメリカ経済が成長すれば、日本もその恩恵を受けます。

では、利益の一一％を占める中国はどうでしょうか。

現在、中国政府は二〇二〇年までの目標成長率を六・五％以上に設定しています。二〇一六年は一〇月時点の推計で六・五九％ですから、とりあえず目標を達成しているように見えます。

ただ、中国政府が発表する数字は鵜呑みにするな、というのが世界のエコノミストたちの常識です。この数字は少し割り引いたほうがいいでしょう。

世界銀行やＦＲＢのペーパーによると、中国の潜在成長率は三・五〜四・五％です。独立系の研究機関が推計した数字も、だいたいその水準です。それらを信頼すると、中国政府がこれまで発表してきた成長率は怪しいし、おそらく今後も六・五％以上の成長は困難だと思われます。

習近平主席も、目標達成が現実的でないことはわかっているでしょう。では、目標達成が困難だとしたらどうするか。中国政府が選べる選択肢は二つあります。

素直に目標を引き下げるか、無理をして強引に目標達成するかです。

ＩＭＦは中国の経済成長率の目標設定をやめるように勧告しています。当局がこの勧告を受け入れて目標設定をやめる、あるいは目標を現実的な水準に引き下げれば、とくに問題は起きません。多少は失速したとしても、いまや世界第二位の経済大国です。五・五％程度の成長率があれば、日本企業にも大きな悪影響はないはずです。

心配なのは、目標を達成するために無理な経済政策、金融政策を取ることです。

中国政府は景気を刺激するために公共投資や国営企業への補助金をどんどん増やしています。そのせいで地方政府や国営企業はすでに巨額の債務を抱えています。必要以上に投資をしているので、在庫も過剰です。このまま公共投資や国営企業への補助を続けていてはバランスシート不況になります。

さらに怖いのは利下げや人民元の切り下げです。中国政府は金融緩和のために二〇一四年から約一年間で六回の利下げを行いました。利下げすれば理論上、その国の通貨は安くなりますが、人民元は安くならなかった。そのため中国政府は事実上、人民元の切り下げにも踏み切っています。

通貨が安くなれば、輸出品の国際競争力は高まって企業の収益力が高まり、経済成長に寄与します。もちろんデメリットもあるのでバランスが難しいのですが、現在、基本的にほとんどの国は自国通貨安を歓迎します。

中国も同じで、目標成長率を達成するために、さらに強引な通貨安政策を取る可能性があります。中国がその道を選べば、それがきっかけになってアジア通貨戦争が起きるおそれがあります。通貨戦争が起きれば日本も巻き込まれます。日本にとっては中国経済減速以上のダメージになりかねない、最悪のシナリオです。

私は習近平が現実路線を歩むと期待していますが、こればかりはまだわからない。引き続き中国の経済政策や金融政策には注意が必要です。

Q イギリスに続いてEUを離脱する国は現れるんでしょうか?

A フランスとドイツの政情不安で経済ダメージの恐れが

ヨーロッパについても今後の展望を述べておきましょう。

アメリカではトランプが〝アメリカ・ファースト〟を打ち出しました。世界の安定や繁栄のためではなく自国の利益のために動くという政策方針です。考えてみれば、国が自国の利益を最優先するのはあたりまえのこと。わざわざ表明していませんが、中国は中国ファーストだし、日本だって日本ファーストです。

一方、ヨーロッパは事情が異なります。普通の国は自国の利益を優先するために、自分の国の通貨や規制を管理しています。しかし、ヨーロッパの各国はEUに加盟しているため、通貨や規制を思うようにコントロールできません。二〇一六年にイギリスがEUを離脱したのも、イギリス・ファーストの政策をやりたくてもできないもどかしさが根底にあったからでした。

では、ヨーロッパの特殊性は今後も続くのでしょうか。

正直に申し上げて、それは不透明です。

ヨーロッパのツートップはフランスとドイツです。数年前なら、この二国がEUを離脱するなんて一〇〇％ありえないと断言できました。

しかし、いまは可能性ゼロと言えません。依然として確率としては低いものの、フランスとドイツが自国ファーストの政策を実現するためにEU離脱に舵を切ることはありえない話ではなくなったのです。

フランスでは今年、大統領選が行われます。現職のオランド大統領が不出馬に追い込まれたいま、最有力候補は極右政党「国民戦線」のマリーヌ・ルペン代表と言われています。ルペンは、フランスはユーロ圏から離脱してフランを復活させるべきだと主張しています。まさにフランス・ファーストです。

ドイツでも歴史が変わろうとしています。二〇〇五年から首相を務めるアンゲラ・メルケルは、さまざまな面で卓越した指導力を発揮して大きな成功を収めています。ほんの少し前までドイツ国内での支持は非常に高かった。
しかし、今年の秋に行われる連邦議会選挙では極右政党が勢力を大きく拡大するでしょう。政権与党は議席を減らして、メルケルは首相の座を明け渡すことになりそうです。

流れが変わった原因は明白です。テロと移民問題です。

フランスでは不幸なテロが起きました。背景にあるのはムスリムの移民問題です。フランスは昔からアルジェリア系の移民が多かったのですが、結局、分断が起きてテロを生む土壌をつくってしまった。それが排外主義につながっています。

ドイツも同じです。ドイツはヒトラーの時代にユダヤ人を排斥・虐殺しました。その反省に立って、第二次大戦後は人種による排斥をしないことを誓い、移民に対してもオープンな政策を取ってきました。シリアからヨーロッパに大量の難民が流れ込んできたときも、メルケルは受け入れの姿勢を強く打ち出しました。これまでのドイツの方針に則った政策です。

ところが、今回は難民の数があまりにも多かったために受け入れ側のキャパシティを越え、結果的にさまざまな摩擦を生んでしまった。秋の連邦議会選挙で、メルケルはその責任をとらされるに違いありません。

もちろんフランスとドイツで政権交代が起きたからといって、ＥＵから即時離脱するという極端な事態にはならないでしょう。

ただ、自国ファーストの方向に舵が切られることはたしかで、政治的にはかなりの混乱が予想されます。

政治の混乱は、経済にも直結します。

混乱している地域に積極的に投資しようと考える企業や投資家はいません。グローバル企業はヨーロッパへの投資を控えるでしょうし、ヨーロッパの企業自体もＥＵ域内に投資するより、海外からの投資を呼び込もうとして優遇策を取りそろえたアメリカに投資をするでしょう。

投資が減れば、当然、ヨーロッパ経済は低調になります。私としてはその予想が外れることを願っていますが、当面は様子見しておいたほうが良さそうです。

Q 今後、アメリカは人権無視の国になるんですよね？

A アメリカとフィリピンの大統領は違います！

経済の話から少し脱線していいですか。

いまアメリカでは、トランプ大統領の誕生によって保守主義が台頭して、かわりにリベラルな思想が後退するのではないか、自由が制限されて人権が保障されなくなるのではないか、と不安視されています。

具体的に注目が集まっているのは、連邦最高裁判所判事の指名問題です。

連邦最高裁の判事は定員九人で終身制です。二〇一六年に判事が一人亡くなって、いま席が一つ空いています。ここ数年はリベラル派が過半数を占めていたので、同性婚の容認をはじめ、リベラル寄りの判決が続いていました。

しかし、トランプが新たに指名するのは保守派の判事です。それによって保守派が多数になり、判決も保守寄りのものが多く出るようになるでしょう。

司法が味方に付くので、トランプも保守的な政策を実行しやすくなります。たとえば彼は「ムスリムの入国禁止」を表明しています。こうした人権軽視の強硬的な主張に人々はおののいているのです。

ただ、私はそれほど悲観的に見ていません。理由は二つあります。

まず一つは、トランプ自身の内面の問題です。たしかに彼のこれまでの言動は過激であり、率直に言えば下品な面がありました。ただ、それはキャラクターを際立たせて選挙戦を有利に戦うためのものでもありました。

将来、トランプが歴史の中で語られるとき、大統領就任前のヒストリーは五％程度のものです。九五％は大統領になって何をやったのかです。

はたして、彼はアメリカでもっとも過激で下品な大統領だったと歴史に名を残すことを望むでしょうか。私はそう思いません。いざ大統領に就任すれば、もう少しジェントルになるでしょう。

もう一つの理由は、アメリカという国のシステムです。アメリカ国民の中には、トランプをフィリピンのロドリゴ・ドゥテルテ大統領にだぶらせて心配する人もいます。ドゥテルテは麻薬撲滅のために、自警団に麻薬犯罪人の殺害を命じた疑惑が出ています。自ら掲げる正義を実現するためには手段は問わないという強硬的な姿勢が、トランプの過激な言動とかぶるというわけです。

でも、アメリカ・イズ・ノット・フィリピンですよ！

アメリカとフィリピンでは、国家権力の在り方が違います。フィリピンでは、政治家が権力を行使したいと考えたときにブレーキをかけるシステムが脆弱です。しかし、アメリカは違います。たとえば大統領が国内で邪魔な人間を暗殺する指令を出すことはできません。人権を無視したくても、できない仕組みになっています。

もちろん超法規的な実力行使の形ではなく、民主的かつ法的な手続きを経て人権を制限することは可能です。私はトランプが極端なことはしないと考えていますが、人気取りが必要になったときに過激で下品な政策を打ち出す可能性はゼロじゃない。

しかし、仮に人権を制限するような政策が実行されたとしても、アメリカは民主国家ですから、選挙によってまた元に戻すこともできるのです。

トランプが当選した夜、ロサンゼルスに住む二〇歳の息子が日本にいる私に電話をかけてきました。

「トランプが勝って、友達がみんな泣いている。いったいどうしたらいいのか」

彼は絶望に満ちた声で訴えました。

私にできるアドバイスは一つだけでした。

「何かを変えたいなら、政治参加するしかない。幸い、アメリカはそれができる国だよ」

息子が私の言葉をどのように受け止めたのかはよくわかりません。でも、嘆いているだけでは何も変わらないことはたしかです。トランプの政策が本当に気に入らなければ、政治運動を通して変えていくしかない。そしてその権利は、アメリカにおいては手厚く保証されているのです。

ちなみに息子は、アメリカで「ミレニアル世代」と呼ばれる世代に属しています。ミレニアル世代は一九八〇年代から二〇〇〇年ごろに生まれたデジタルネイティブで、政治信条はリベラル寄りです。そして性格的な特徴は、エブリシング・オン・デマンド。つまり主体性に欠けた受け身体質の傾向が強いと言われてきました。

ミレニアル世代にとって、保守色の強いトランプの当選はショックだったに違いありません。ただ、今回のショックで目が覚めた若者は多かったはず。これまで政治活動をバカにしてきた人も、今後は積極的に政治参加するのではないでしょうか。

本当にミレニアル世代は「怒れる若者」になるのか。それは彼らが今後つくっていく音楽を聴けばわかります。いつの時代も、政治体制に不満を持った若者はその思いをまず音楽で表現してきました。怒りや不満は音楽を通して広がり、政治的なムーブメントになっていきました。

トランプの政策が本当にひどいものなら、ミレニアル世代はきっと新しい音楽を創造していくでしょう。一方、トランプの政策が思ったより穏当なものなら、いまの音楽シーンが続きます。音楽は若者の怒りを判断するリトマス試験紙ですから、注目しておいて損はないと思います。

話を戻しましょう。

繰り返しますが、トランプは現実主義者であり、大統領就任後は過激な政策を実行に移したりはしないと私は予想しています。

ただ、万が一極端なことをしても、民主主義国家であるアメリカでは国民の政治参加によって修正していくことが可能です。その意味で、私は二重に安心しています。

第5章

少子化、五輪、AI…実は好都合な近未来

Q 日本は少子化で衰退の道をたどるんですよね?

A 少子化は雇用問題を自然に解決してくれます!

日本の未来の話をするとき、必ずといっていいほどテーマにあがるのが人口減少の問題です。

実際、人口はどれくらい減ると見込まれているのか。

二〇一五年の国勢調査によると、日本の総人口は一億二七〇九万人です。国勢調査で人口が減ったのは初めてで、この時点ですでに前回の調査より〇・八%減っています。

人口はこれから加速度的に減っていきます。国立社会保障・人口問題研究所の将来推計(中位推計)(図表34)によると、二〇三〇年に人口は一億一六六二万人に。この時点ではま

図表34 ｜ 日本の人口の将来推計

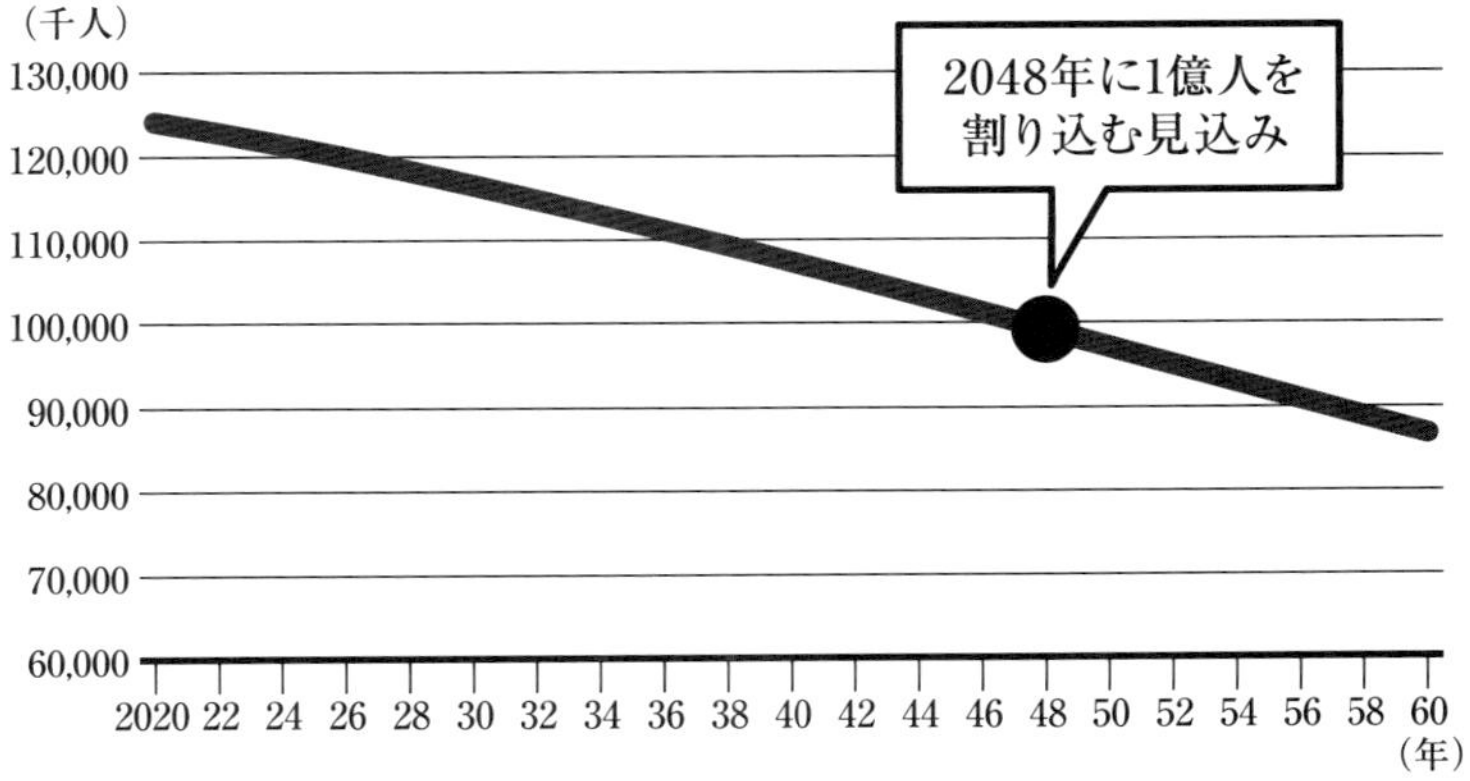

出典：国立社会保障・人口問題研究所

だ数百万人程度の減少ですが、その先が急降下です。二〇四八年には人口が一億人を切り、二〇六〇年には八六七四万人になります。四〇数年で日本から人口の約三分の一が消えてしまうのです。

減る、消えるというと、人口減少がなんだか悪いことのように聞こえてしまいますね。

でも、ドント・ウォーリーです。人口が減ることは、日本にとってむしろ福音となるのですから！

物が不足すれば、プレミアムがついて価値が高まります。それは人も同じです。人が足りなくなればプレミアムがついて、一人一人の価値は上がるのです。

私の息子は日本語、ドイツ語、英語を話します。ロサンゼルスの大学に入学して外国語を学ぶとき、私は中国語を学ぶように勧めました。

中国の人口は約一三億八二〇〇万人（世界人口白書二〇一六）で世界一です。中国以外に住む中華系の人も含めれば中国語の話者はもっと多いし、将来はさらに増えます。直接コミュニケーションできる相手が一気に広がるのだから、中国語を学ぶことに大きな価値があると考えたのです。

ところが息子は、次のように反論しました。

「そんなに話す人が多いなら、価値がないじゃないか。日本は人口が減るんでしょ。それなら僕は日本語をやるよ。そのほうが引っ張りだこさ」

さすがはマイ・サンです。本質をついています。

自由市場において価値を決めるのは需要と供給のバランスです。中国語は需要が高いですが、それ以上に供給力がある。競争相手が多くて、中国語を話すというだけでは武器になりません。

一方、本書で説明してきたように日本企業の未来は明るく、日本語の需要はキープされるでしょう。人口減で供給が減れば、日本語話者の価値は高まります。息子の戦略は大正解です。

需要と供給でいえば、日本の人口減少は国内の大きな問題の解決につながります。雇用問題です。

日本はもともと欧米に比べて失業率の低い国です。フランスやイタリアは一〇％を超えて、アメリカも五％以上。EUの中でもっとも経済が堅調なドイツでさえ四・六三％ありますが、日本は三・三七％です（二〇一五年）。とくに安倍政権になってから雇用環境は改善していて、失業率は一％以上も低下しています。

これらの数字だけを見ていると、日本は雇用の優等生であり、問題など存在しないかのように思えます。

実は問題は雇用の質にあります。失業率は低いものの、非正規社員が多くて賃金が低いのです。

一九九〇年当時、非正規社員の割合は全雇用者の中で約二〇％でした。しかし、失われた二〇年の間に企業は新卒採用を絞ったりリストラをしたりして、契約社員や派遣社員で空いた穴を埋めていきました。その結果、二〇一六年には非正規社員の割合が四〇％に迫りました（次ページ・図表35）。

職に就けないより就けたほうがいいのは当然です。しかし、就けても非正規という状況は理想的ではありません。

何しろ非正規は賃金が低い。そのためワーキングプアが多数生まれて、格差や貧困を引

図表35 ｜ 日本の非正規社員の割合

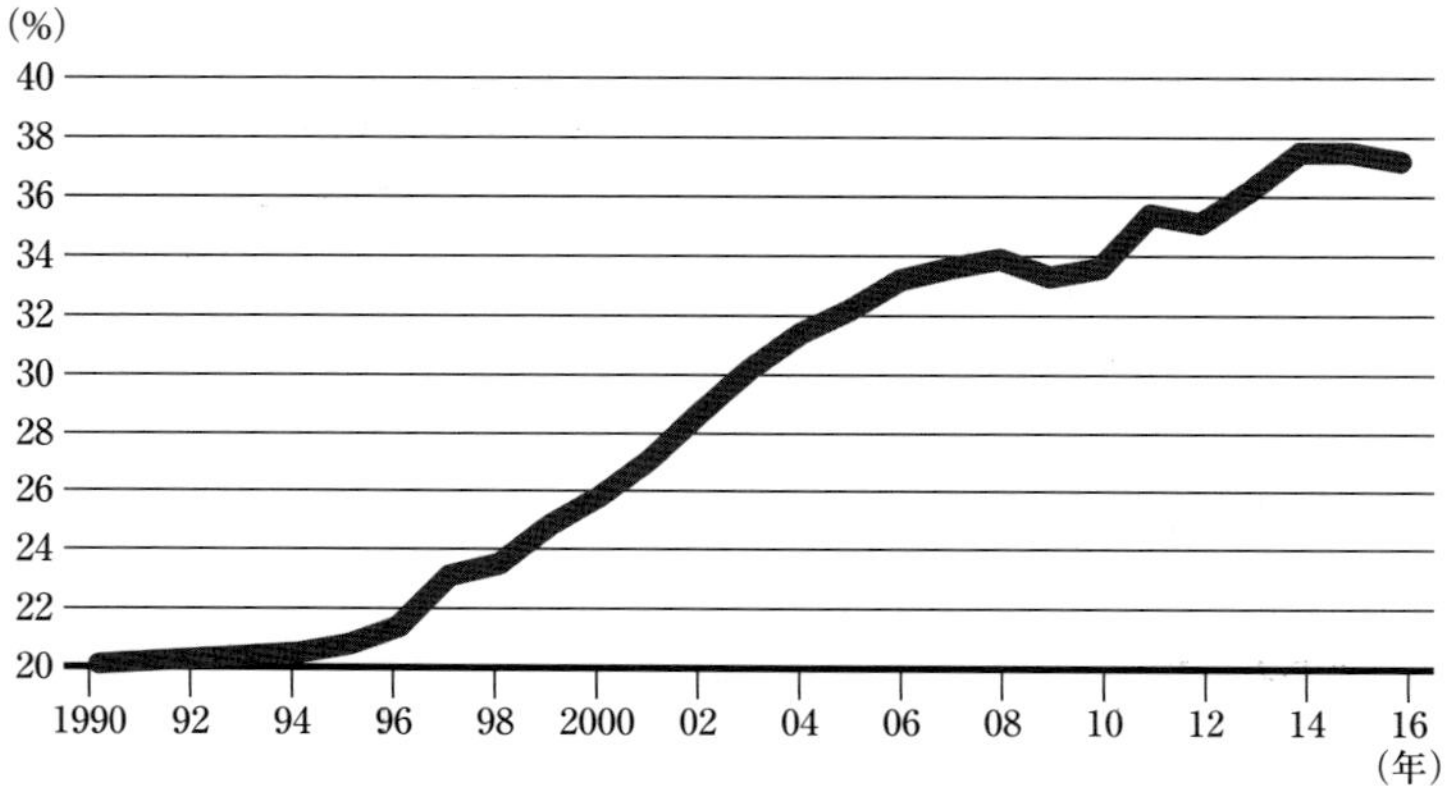

出典:厚生労働省

き起こしています。いかに非正規を正社員化して、賃金を高めていくか。それが日本の抱える課題でした。

でも、この問題も人口減少が解決してくれます。

少子化によって人口が減るのは、おもに若年層です。

これから二〇二〇年東京オリンピック&パラリンピックまで、六六歳以上の日本人は毎年四三万四〇〇〇人ずつ増えていきます。

一方、企業のマネジメントの中核をなす三六歳以上五五歳未満は毎年一七万二〇〇〇人ずつ減少します。現場を担う二五歳から三五歳の人に至っては、毎年二三万一〇〇〇人ずつ減っていきます。つまり働かなくなる人が増えて、働く人が減ります。

図表36 | 日本の正規社員の数

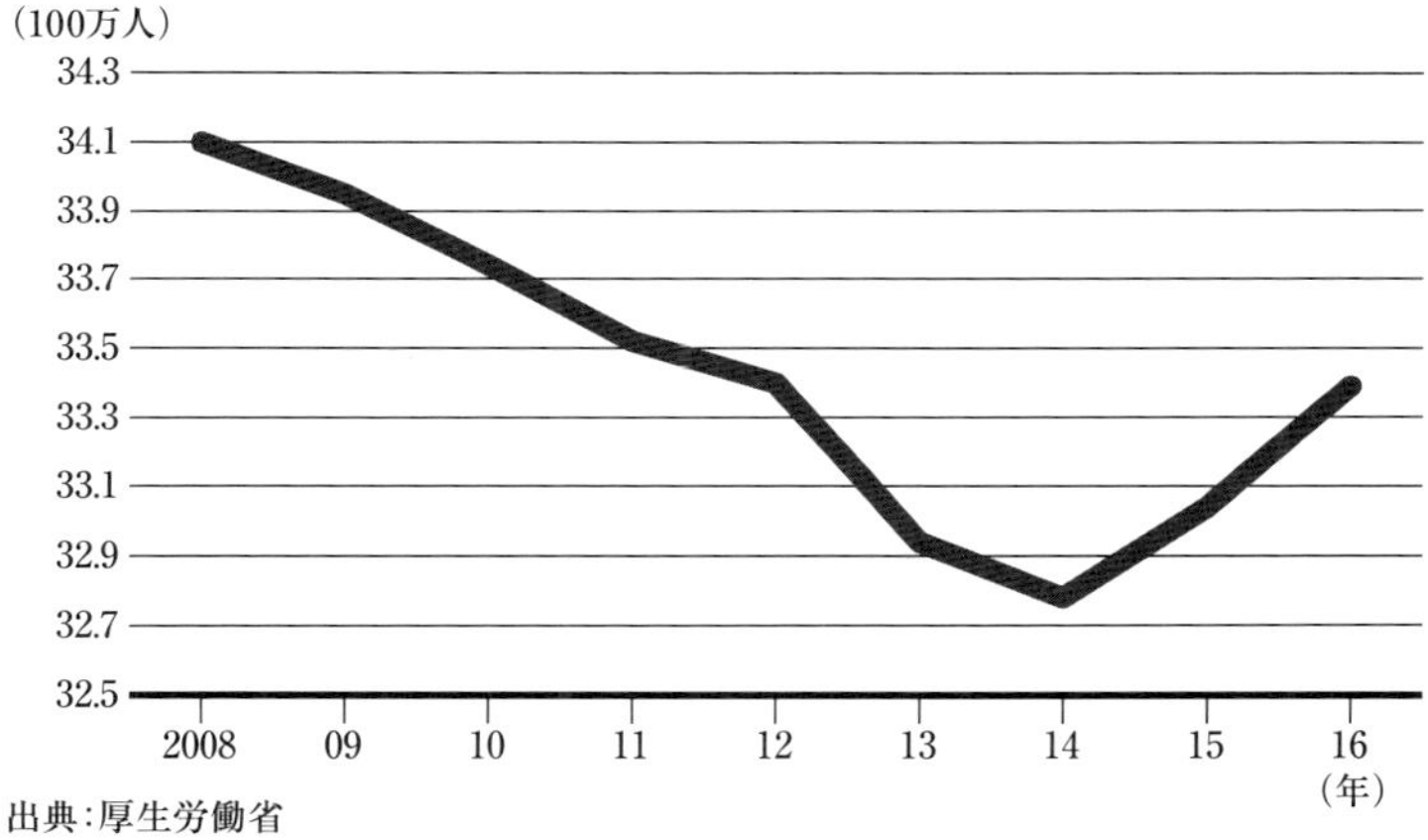

出典:厚生労働省

働く人が減れば、人手不足になりますよね。人手不足とは人の供給不足ですから、一人あたりの価値は高まります。企業は人を確保するためにこれまで以上の高条件を提示しなくてはいけません。その結果、魅力のない非正規のオファーは減り、かわりに正社員のオファーが増えていきます。

つまり人口、とくに生産人口が減れば、需給のバランスという自然の摂理によって、勝手に非正規社員の正社員化が進むのです。

すでに「非正規社員から正社員へ」の兆候は表れています。

二〇一五年、正社員の数は八年ぶりに増加に転じて、一年で二六万人増えました(図表36)。人口が減少する中で、絶対数が増えたのです。これはすごいことです。

もちろん率も上がっています。文部科学省の学校基本調査によると、二〇一六年の大卒者の正社員就職率は七一・三%まで上昇しました。正社員就職率はそれを調べ始めた二〇一二年以来毎年上昇していて、二〇一六年で五年連続の上昇になります（大卒の正社員就職率七割という数字は少なく感じるかもしれませんが、大学院進学が一割以上いることを考慮してください）。

一方、一時的な仕事に就いた者、つまり非正規は一・八%です。だいたい五〇人に一人ですから、かなりの低水準です。

これらの統計データを見れば、人手不足に対応するためにすでに企業は若者を正社員として迎え始めていることがおわかりいただけるでしょう。

今後、人口減少が加速すれば、自由市場の原理で正社員化の流れはますます強くなります。それによって格差や貧困の問題も自然に解消に向かいます。

人口減少は、恐るるに足らず。むしろ少子化は日本復活の起爆剤になるのですから、ウェルカムです！

Q 少子化そのものはどうやっても加速していくんですよね?

A 正社員が増えることで、少子化も緩和の方向へ

人口減少によって、日本では「非正規社員から正社員へ」の流れが起こります。これは確実です。

もっとも、将来的にどこまで正社員化が進むのか、はっきりしたことは言えません。働き方が多様化して、限定正社員(転勤のない正社員)を選んだり、育児や介護と両立させたりするために自らパートタイマーになる選択をする人もいるでしょう。

副業解禁の流れがありますから、ダブルワークのためにパートタイムで働く人も増えます。あと、定年後にパートタイムで社会参加する高齢者も今後は増加します。そうすると、

正社員化が進んでも非正規雇用は一定の割合で残りそうです。

非正規雇用率は四〇％をピークにして徐々に減っていき、おそらく今後五年くらいで二五％前後になって下げ止まるのではないでしょうか。

バブル当時の非正規雇用率二〇％に、多様な働き方を選択する人五％をプラスして、計二五％というイメージです。

さて、非正規が減って正社員化が進めば何が起きるのか。

まず賃金が上がります。正社員の賃金のうち約三五％がボーナスです。もし同一労働同一賃金で正社員と非正規社員の月給が同じだとしたら、正社員はボーナスに加え、社会保障の恩恵もプラスされますので、年収ベースで五〇％近く高いという計算になります。

この前提で正社員の割合が一％高くなれば、日本の国民所得は〇・七％上がります。仮に正社員率が一〇％上がれば国民所得は七％アップ、正社員率が一五％上がれば国民所得は約一〇％アップです。私は非正規率が四〇％から二五％に下がると予想しているので、国民の所得はトータルで一〇％アップですね。

いま安倍内閣はデフレ脱却のために、企業に賃上げの要請をしています。労働組合がやる役割を政府が担っているわけですが、企業によって反応にばらつきがあって、軒並み賃金が上がるというところまでいっていません。

しかし、企業は政府の意向を無視しても、人口減少による正社員化の流れを止めることはできません。政府が賃上げ要請をしてもしなくても、結果的にこれから賃金は上がって、「デフレよ、サヨナラ」になります。

この賃金増でもっとも恩恵を受けるのは、二〇代後半〜四〇歳前後の人たちでしょう。この世代の人たちは、新卒を迎えた時期に企業が採用を絞っていたため非正規率がとても高い。日本の大企業は新卒採用中心なので、中途で正社員に登用されることも難しく、いままで非正規のままでした。

しかし、人口減少でこの世代も正社員化が進みます。取り残されてきた世代がようやく人並みの賃金を手にすることになるのです。

幸い、所得の原資はあります。「ミック・ジャガー世代」の給料です。日本のサラリーマンの給料は五〇歳前後でピークを迎えます。青春時代にローリング・ストーンズを聴いていた世代がようやく引退しました。

ミック・ジャガー世代はベビーブーマーですから人数が多く、給料も高かった。彼らの引退によって浮いたお金は、現在の中堅から若者世代に回せばいい。その再配分だけでも、二〇代後半〜四〇歳前後の人たちの賃金は上がります。

これらの世代の所得が増えれば、薄くなりかけていた中間層がいよいよ復活します。先に指摘したように日本は他の先進国に比べて中間層が厚いのですが、緩やかに二極化は進み、格差は広がっていました。そのトレンドは人口減少がもたらす正社員化によって反転して、日本にニューミドルクラスが誕生するのです。

ニューミドルクラスが形成されたら、消費が活発になるでしょう。

いまメディアで盛んに「若者の○○離れ」と喧伝されていますよね。あれはウソです。本当はお金のほうが若者から離れていき、若者が欲しいモノを買えなくなっていただけです。所得が増えれば欲しいモノを買えるようになるし、これまで最初からあきらめて見向きもしなかったものにも関心を払うようになります。その結果、経済の好循環が生まれて、ますます所得は増えるでしょう。

好影響を及ぼすのは経済だけではありません。所得が増えて生活が安定すれば、これまで経済的事情で結婚や出産をあきらめていた人たちが積極性を取り戻します。そうなれば出生率も改善します。政府が婚活支援をするより、このほうがずっと効果があります。

少子化は日本にメリットをもたらしますが、急激な少子化は社会的な混乱を招きやすい。出生率が上向けば、そのデメリットが緩和されて、より好ましい形で人口減少が進んでいきます。人口減少がもたらす正社員化は、まさしく日本のあらゆる問題を解決してくれるのです。

Q 労働人口が減れば、どうやったってマイナス成長では？

A これから生産性革命が起きて経済は成長します

人口減少について一つつけ加えておきましょう。

国の生産人口が減れば需給バランスによって一人一人の価値が高まり、賃金がアップします。そのことに異論がある人は少ないでしょう。

ただ、全体については心配する人がいるかもしれません。たとえ一人一人の価値が高まっても、国全体としては生産力が落ちて、ＧＤＰがマイナス成長するのではないか、という意見です。

しかし、現実は違います。数字で確かめてみましょう。

日本の労働力人口（一五歳以上で、主婦や学生、高齢者、病気の人などを除いた働く意思のある人）は一九九八年にピークを迎えています。まだ急激ではありませんが、一九九九年以降は緩やかに減っています。

一方、ＧＤＰ成長率は一九九九年以降、低成長あるいは時折マイナスを記録するものの、平均的にはプラスで推移しています（図表37）。つまり人口が減ったからといって、経済成長率は必ずしもマイナスになるわけではないのです。

労働力が減っているのに、生産力が落ちない矛盾に納得がいかない人がいるかもしれません。

どうして理屈に合わないことが起きるのか。

その謎を解くカギは「生産性」にあります。

たとえば一〇人でやっていた仕事があったが、一人減って九人でやらなくてはいけなくなったとしましょう。このとき一人一人がアウトプットを一〇％強増やせば、九人でこれまでの一〇人分と同じ量の仕事をこなせます。日本全体でもこれと同じことをやれば、経済成長はマイナスになりません。

ただし、生産量を維持するために残業を増やしてはいけません。労働時間を増やすことで人口減少分をカバーしようとすれば、みんな疲弊するだけ。日本人はもともと働き過ぎ

図表37　日本のGDP成長率

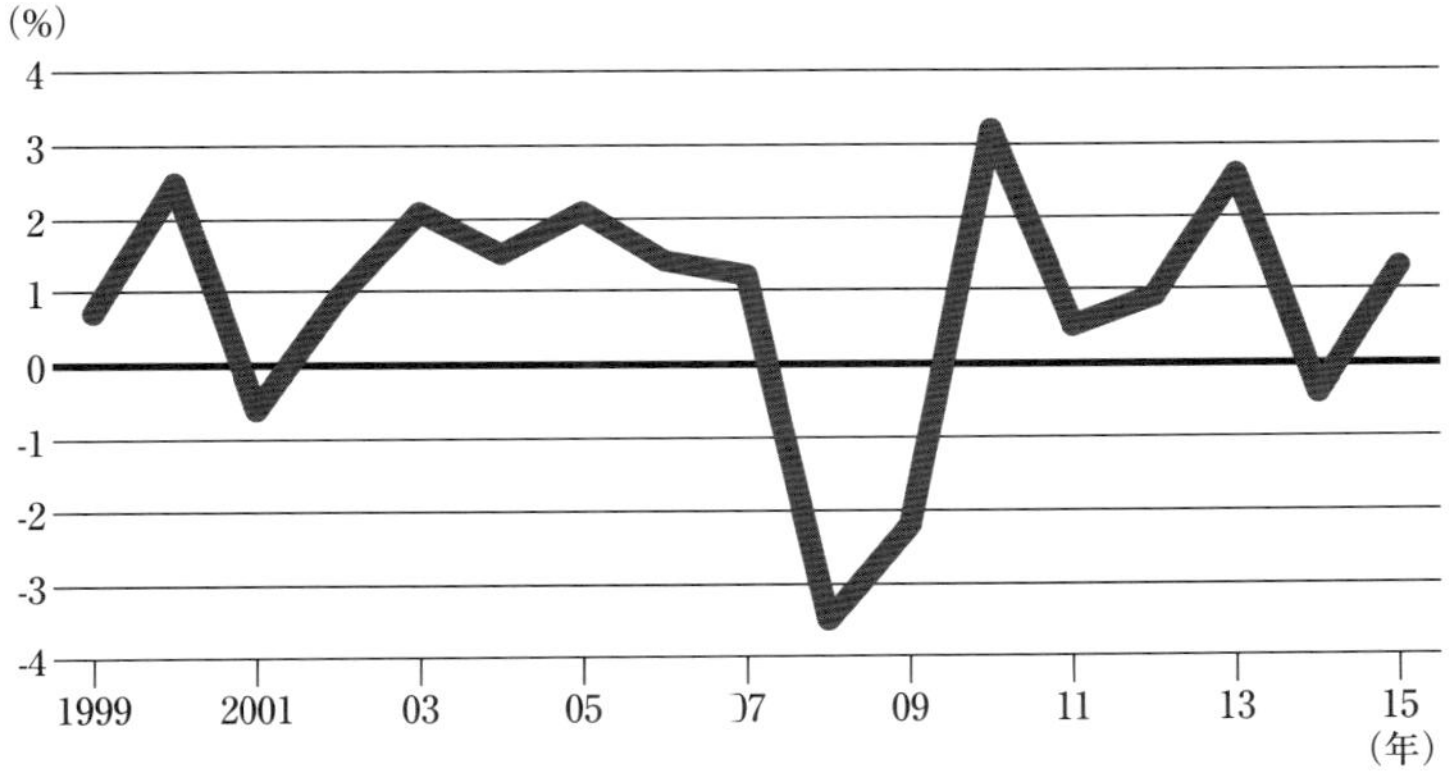

※実質GDP成長率　出典：内閣府

です。残業をこれ以上増やすのは、ワークライフバランスが問われる時代の流れにも逆行しています。

大切なのは、働く人一人一人が生産性を高めること。そして同時に会社が組織としてムダをなくすことです。

日本のホワイトカラーは生産性が低いと言われます。しかし、日本の工場を見てください。現場は一切のムダがなく、非常に効率的に仕事が進んでいきます。じつにファンタスティックです。

同じことはオフィス内でもできるでしょう。日本人はもともときめ細かい管理が得意ですから、やってやれないことはないはずです。

日本の生産性革命は、まさにこれからです。

Q これから移民の受け入れが必要になるんでしょうか？

A 日本型の移民政策はとっくに始まっています

日本は人口減少時代に合わせて労働市場を外国人に開放すべきだという議論があります。労働人口の減少に伴って、日本ではおそらく生産性革命が起きるでしょう。それで労働人口減少分をしばらくは補うことはできると思います。

ただ、これから人口は急激なカーヴを描いて下降します。減り方が急激だと、生産性向上が追いつかずに人口減少分をカバーできないおそれがあります。そのときに備えて外国人労働者を受け入れようという主張は、至極全うなものです。

もちろん移民政策にはデメリットもあります。

いまヨーロッパが苦しんでいるのは、中東やアフリカから大勢の移民がやってきたからです。

移民は低賃金労働に従事する傾向が強く、新たな貧困層を生み出しています。彼らは肩を寄せ合って暮らすため街がスラム化し、もとから住んでいた人たちや周辺の人たちとのあいだで摩擦が生じています。もともと文化的・宗教的背景が異なることもあって、地域社会の亀裂は深くなり、反動として移民排斥の動きが強まっています。

これはどの国でも見られる現象で、日本でも外国人労働者や移民の受け入れが本格化すれば、同様の摩擦が起きるでしょう。これは宿命のようなものです。

このようにメリットもあればデメリットもあるので、外国人労働者や移民の受け入れについては当然、賛否両論ある。それはこれから議論を重ねていくしかありません。

もっとも、議論の結果は見えていると私は考えます。

実は外国人労働者の受け入れは、事実上始まっています。現実は、議論に先行していま す。いまさら時計の針を戻すことは不可能です。結局は労働市場開放の方向に帆をすすめるしかないのです。

東京都心部のコンビニにいってみてください。新しい店員さん三〜四人に一人は外国人です。アジア系の人が多いので顔の区別はつきづらいですが、胸には名札がついています。

図表38｜外国人労働者の人数

会社の従業員数	事業所数	外国人労働者数	1事業所当たりの外国人労働者数
30人未満	84,686	30万5403人	3.6人
33人から99人	29,367	16万6663人	5.7人
100人から499人	19,363	20万9864人	10.8人
500人以上	6,562	18万0824人	27.6人
不明	12,283	4万5142人	3.7人
合計	152,261	90万7896人	6人

出典：厚生労働省「外国人雇用状況の届出状況」(2015年10月末現在)

名前を見れば、現場が外国人に支えられていることは一目瞭然です。

統計もチェックしてみましょう。厚生労働省のデータと東京都の地域別GDPから割り出してみたところ、東京ではすでに全労働者のうち約五・四％が外国人です。従業員規模が五〇人前後の小さな会社でも、二〜三人は外国人がいる計算です（図表38）。

こうした現状を知れば、もはや外国人労働者の受け入れは避けられないことがわかるでしょう。

デメリットがあるから、彼らをサービス業や工場の現場から追い出すのですか？

そんなことはインポッシブルですよ。外国人労働者を帰国させたら、コンビニは閉店せざるを得ないし、工場でもラインが止まります。すでにそれくらいのレベルで外国人労働者は日本社会に浸透しているのです。

政策面でも外国人への労働市場開放は進んでいます。

たとえば「高度人材ポイント制」という制度をご存じでしょうか。これは高度人材を学歴や職歴、収入などでポイント化して、高ポイントの外国人は出入国管理上の優遇措置を受けられるという制度です。スタートは二〇一二年五月。高度人材については、約五年前からとっくに開放しているわけです。

高度人材は「国内の資本・労働とは補完関係にあり、代替することが出来ない良質な人材」とされていますが、具体的に言えば大学の研究者や企業のエンジニア、経営者やマネジャーなどが該当します。

ポイントをクリアした外国人は、永住許可を受けやすくなります。外国人が永住資格を得るには通常一〇年の在留が必要ですが、高度人材なら五年でいい。また、一緒に来日した妻や夫の就労が認められたり、親やメイドを帯同させたりすることも容易になるなど、他にもさまざまな優遇を受けられます。

私は外資系の金融機関に多くの友人がいますが、彼らは「働きやすくなった」と口々に言っています。日本で働く高度人材外国人には、おおむね好評ですね。

現場には外国人労働者が増えているし、政策面も国民的議論が始まる前にすでに受け入れ策が実現されています。

あとは、開放のスピードを速めるかどうか、あるいはどこまで本気でやるのかといった程度の問題のみ。政府は国民を刺激したくないのでおおっぴらに言いませんが、外国人労働者や移民の受け入れは既定路線であると考えておいたほうがいいですね。

Q 本当に優秀な外国人は日本になんか来ないのでは？

A シリコンバレー人材が日本に来たがる時代へ

いまインバウンドが盛り上がっていますね。訪日外国人が日本に落とすお金は、二〇一五年に三兆四七七一億円に達しました。二〇一六年は〝爆買い〟が落ち着いて頭打ちになったようですが、訪日外国人数はいまも増えているので、二〇二〇年に向けてまた少しずつ盛り上がっていくでしょう。

しかし、インバウンドは「消費」です。継続性がなく、熱が冷めたらまた元に戻ってしまうおそれがあります。日本経済の中長期的な成長を考えたら、一時的に買いものに来るのではなく、日本で働いたり生活をしたりしてくれる外国人を増やしていく必要があります。

先ほど、日本は労働市場を外国人に開放しなくてはいけないと指摘しました。

問題は、労働市場を開放しても外国人が本当に来てくれるのか、ということです。

日本人は外国人労働者が増えて摩擦が起きることを警戒していますが、いざ開放したら、外国人のほうがそっぽを向いて日本に来ない可能性だってある。高飛車にかまえて「来たければお好きにどうぞ」と言っている場合ではないのです。

実際、外国人――とくに日本政府が欲しがっているイノベーター人材――の目に、日本はどう映っているのでしょうか。

ポジティブな面と、ネガティブな面を両方あげておきましょう。

いま日本にはイノベーター人材招致の追い風が吹いています。背景にあるのはトランプ大統領の誕生です。

世界のイノベーター人材は、アメリカ西海岸に集まります。ハーバードよりスタンフォード、ウォール街よりシリコンバレーです。実際にシリコンバレーを歩くと、ここはどこの国なのかわからなくなるほどさまざまな人種が入り混じっています。まさに世界のあちらこちらから優秀な頭脳が集まっている状況です。

ところが、トランプ大統領の誕生で、この流れが変わる可能性があります。

トランプはビザの規制強化を打ち出しています。具体的に言うと、交換留学生などに発行される「J－1ビザ」や、エンジニアなどの特殊技能者に発行される「H－1Bビザ」は、見直される公算が高い。

シリコンバレーのエンジニアは「H－1Bビザ」で就労していますから、もし別のビザを取得できなければ、彼らはアメリカから去ることになるでしょう。また、シリコンバレーで働きたいと夢見ていた世界のエンジニアやその卵たちも、シリコンバレー行きのハードルが高くなって断念する人が続出しそうです。トランプの政策しだいで、アメリカは世界最大のイノベーター人材の集積地ではなくなるおそれがあるのです。

行き場を失ったイノベーター人材がどこを目指すのか。

それはまだわかりません。どの国も優秀な人材は欲しいですから、さまざまな優遇策を用意するでしょう。優秀な人材の獲得合戦は、まさにこれからです。

ただ、その中で日本も候補地の一つであることは間違いない。魅力をうまくアピールすれば、優秀な人材を呼び込めるはずです。

では、日本の魅力とはいったい何でしょうか？

私は日本に暮らして長いですが、不便さを感じた経験はほとんどありません。治安はいいし、外国人に対してとても親切です。役所に行けば英語で対応してくれるし、英語の通じるお医者さんもいる。生活面においては天国です。

もう一つ、なんといっても魅力的なのは学費です。第一章で解説したように、アメリカの大学の学費はとんでもない額になっています。それと比べれば、日本への留学はとても割安感があります。その点を上手に発信できれば、世界各国のみならず、アメリカからも優秀な学生を呼び込めると思います。


一方、ネガティブな面についても言及しておきましょう。

私が懸念しているのは、企業に根づいた年功序列の文化です。

日本のある友人から、息子さんの進路について相談を受けたことがあります。彼の息子さんはマサチューセッツ工科大学に留学中で、とても優秀です。卒業するにあたって、アメリカ、ドイツ、日本の三つの会社からジョブオファーを受けたそうです。私はそれぞれの国に縁があってビジネスの友人がいます。そこで、どの国の企業で働くのがよいかとアドバイスを求められたわけです。

私の答えはこうでした。

「アメリカの会社に行けば、一五年後、運がよければ社長になれます。ドイツの会社なら一五年後はアジアやヨーロッパ、アメリカの地域統括マネジャーです。日本の会社？　一五年後は課長です」

日本の企業も昔とはかなり変わってきたとはいえ、外国の企業に比べれば年功序列の文化が色濃く残っています。外国企業なら優秀な人材はどんどんステップアップできますが、日本企業では列に並んで順番を待たなくてはいけない。自分の能力に自信がある人にとって、これは苦痛です。

年功序列は文化ですから、そう簡単には変わらないのでしょう。

しかし、優秀な人材になかなかチャンスが回ってこない環境は何とかしないといけません。これを変えることは、外国人のみならず、日本の優秀な人たちにとってもメリットがあるはずです。

Q 日本はアジアの国際金融センターになるべきですか？

A 金融なんかにこだわらず、イノベーションを起こすんです

いま東京都が国家戦略特区を活用して、国際金融センターになろうとしていることをご存じでしょうか。

かつて東京都はアジアナンバーワンの金融センターでした。しかし、シンガポールや香港にその座を奪われて、近年は低迷しています。前々から国際化の必要性は叫ばれていましたが、小池百合子都知事が知事選挙で公約に掲げたこともあり、現在、国際金融センター化するための議論が重ねられています。

実は私も東京都が設置した「国際金融都市・東京のあり方懇談会」のメンバーであり、

議論に加わっています。

国際金融センター化の中でテーマの一つになっているのが、海外の高度金融人材が暮らしやすい街づくりです。たとえば街中に英語表記を増やしたり、外国人医師を増やして母国語で医療を受けられたり、はたまたインターナショナルスクールを整備して外国人の子どもたちの教育を充実させるといった対策が検討されています。

これはこれで素晴らしいことだと思います。これらの政策が実現すれば、外国人金融関係者だけでなく、他の外国人にとっても東京はさらに住みやすい街になる。異論はありません。

ただし、あえて苦言を二つ呈したいと思います。

まず一つ目は、もっと高い志を持つべきだということです。

いまウォール街やシティ・オブ・ロンドンでは、こう言われています。

「銀行は必要だ。しかし、銀行員は要らない」

どういう意味かというと、銀行の機能は必要だが、もはや人に頼らなくていい、金融はＡＩでやる時代になったということです。

外国の高度金融人材を日本に呼び込むための施策を検討することは、金融の主役がフィンテックになる時代にマッチしていますか？

していませんね。外国の高度金融人材が来てくれるのに越したことはありませんが、たとえ来てくれたとしても、日本は国際金融のリーダーではなく、フォロワーになってしまうだけです。

新しい時代には、それに即した人材を呼び込まなくてはいけません。具体的にいうと、必要なのはフィンテックのエンジニアです。金融の知識も必要ですが、それ以上にテクノロジーをよく知っているイノベーション人材を呼び込むべきです。

これからの日本に必要なのは、グリーディ・ファイナンスよりもクール フィンテック。金融業そのもので貪欲になることより、フィンテックなどの技術を持ったイノベーションを応援すべきなんです。四七ページの図表14が示しているように、起業家が増えることは経済を確実に活性化させるのですから。

二つ目は、もはや特区で対応している場合ではないということです。

特区は、金融なら東京、再生医療なら京都というように、エリアと産業が限定されます。

これは、はっきり言ってナンセンス！

いま求められているのは、特定分野の専門家より、専門知識とテクノロジーを結びつけたイノベーションを起こせる人材です。そういった人材を特定のエリアや産業に縛りつけるのは得策ではありません。

理想は、イノベーター人材が自由に活動できるように全国的に規制緩和や環境整備をすることでしょう。突破口としてまず特区で、という考え方はわかりますが、特区で実験してから全国へというスピード感では時代に置いていかれます。

実際、イノベーションの本場である、アメリカのサンフランシスコなどでは、街全体がスタートアップ企業を支える「エコシステム」を形成しています。エコシステムとは本来、「生態系」を意味する言葉ですが、近年の経営、特にIT分野では「複数の企業や人々が結びつき、循環しながら広く共栄共存していく仕組み」といった意味で使われています。

こういったエコシステムが東京、いや日本全体で機能するような形になっていけば、優秀な人材が世界中からわんさか集まって、今後の経済が活性化すること間違いなし！ ですよ。

外国人イノベーターに暮らしやすい環境を提供することは大賛成です。ただ、やり方がもどかしい。金融にかぎらず、そして東京に限定せず、日本を丸ごと変えてしまうくらいの大胆さがあってよいと思います。

Q キツい現場仕事は移民も嫌がって来ないのでは?

A 移民問題は「マイスター制度」で解決します

外国人イノベーターを呼び込む方法についてはすでにお話ししましたね。

では、人手不足になりつつある工場やサービスの現場で働いてくれる外国人労働者は、どうやって呼び込めばいいのでしょうか。

各国の所得格差が大きかった時代は、賃金が呼び水となって新興国から外国人労働者が殺到しました。いまも所得格差は小さくありません。ただ、昔と比べると差は縮まっています。放っておいても外国人労働者が勝手にやってきてくれるという認識からそろそろ脱却しなくてはいけません。

まず取り組みたいのは規制緩和です。

将来、看護師や介護福祉士などの医療従事者は七〇万人不足すると言われています。看護師不足を解消するために、政府はインドネシア・フィリピン・ベトナムから来た外国人に看護師および介護福祉士になってもらう制度をつくりました。

それで看護師は増えましたか?

ノーです。制度が始まってから八年で、看護師および介護福祉士になるために来日した人は約四〇〇〇人です。そのうち看護師認定試験に合格した外国人は約六〇〇人に過ぎません。制度ができた当初、試験の合格率は二%前後でした。試験が厳しすぎるのです。合格が難しいのは外国人だけではありません。日本人の合格率も約九〇%です。一見高いように思うかもしれませんが、三年間、全日制の学校に通って勉強してやっと九割ですよ。

看護師の仕事は簡単ではないのでしょう。勉強が必要なこともわかります。

ただ、それも程度問題です。現に看護師は足りないのだから、私ならこう言います。

「看護師さん、ノーベル賞がとれるほど勉強しなくてもいいから、おむつを替えてよ!」

外国人労働者を呼び込みたいなら、規制を適正な水準に引き下げるべきです。これは看護師資格だけじゃない。現場で必要になるあらゆる資格に言えることです。

もう一つ、私がおすすめしたいのは「マイスター制度」の導入です。マイスター制度はドイツで生まれた仕組みです。ドイツの職人は、現場で働きながらファッハシューレという職業学校に通います。現場で技能、学校で理論を学んだあとは、一流の職人の証であるマイスター試験を受ける。それに合格すると親方として独立して自分の会社を持てるようになります。これを外国人向けに日本でもやればいいのです。

日本版マイスター制度ができるとどうなるか。

外国人労働者は、日本の農業や建設、サービスなどの現場で二～三年働きます。その間、週一回～月一回くらいは職業学校に通って、理論のトレーニングをする。その後、試験に合格したらマイスターです。

日本は技術力の高い国として知られています。その国でマイスターを取得すれば、母国に帰ったときに大威張りできます。単に自慢できるだけではありません。技術の信用力があるので、母国で起業するとなれば銀行も融資をしてくれるでしょう。日本の現場と学校で学んだということが、母国では得難い価値になるのです。

ポイントは、マイスターを国家資格として管理するということです。

いま海外では日本料理店が人気です。でも、それらの店のシェフでまともに日本料理を学んだことのある人は一握りです。国家資格であるマイスター制度ができれば、ニセモノとの差別化になります。ホンモノであることが利益につながるなら、日本に来て資格を取りたいと考える外国人は増えるはずです。

マイスター制度のメリットは、人手不足の現場に外国人労働者を呼び込む起爆剤になることだけではありません。日本はとても住みやすい国なので、なかにはそのまま在留したいと考える人も出てくるでしょう。職人は若いですから、日本人と結婚して子どもをつくる人もいるかもしれない。そうした外国人が増えてくれれば、人口減少のスピードは緩和されます。

日本を好きになってくれれば、帰国したっていいのです。母国に帰ってアンバサダー（親善大使）の役割を果たしてくれれば、感化された若者がまた日本を目指すかもしれない。そうやって日本を支える輪が広がっていけば理想的です。

どうでしょうか。やってみて損はないと思うのですが……。

Q　ＡＩの発達で仕事がなくなる人が増えるのでしょうか？

A　トーキョーに自動運転なんて必要ありません！

ＡＩはディープラーニング技術の登場によって著しく進化しています。日本企業も、日々進化するＡＩに注目しています。たとえば日本の自動車メーカー各社は、ＡＩを活用した自動運転技術の研究開発を進めています。複雑で人通りが多い道路を自動運転で走れるのはかなり先になりそうですが、高速道路を自動運転で走れる日はそれほど遠くないでしょう。

ただ、ＡＩの進化を手放しで喜んでいいものでしょうか。

オックスフォード大学のマイケル・オズボーン准教授とカール・ベネディクト・フレ

イ博士の共著論文によると、ＡＩの進化によって今後一〇～二〇年のあいだに四九％の仕事が人の手からＡＩに奪われるそうです。

自動運転技術も同じです。高速道路を自動運転で走行できるようになれば、多くのトラック運転手が職を失います。高速道路の出入り口付近に物流拠点を置き、そこから小分けにして運ぶ体制を整えたら、少なくても長距離ドライバーは不要になる。ある試算では、自動運転技術によってアメリカで多くのドライバーが失職し、企業はコスト減によってＲＯＥが一％向上するといわれています。

いくら企業の収益率が向上しても、それによって仕事を失った人が続出する状況は幸せなのでしょうか。

自動運転によって仕事を奪われる人たちの多くは、高等教育を受けていません。新しい仕事に就けと言っても転職は困難です。うまく転職できたとしても、またその仕事がＡＩやロボットに奪われる可能性があります。どちらにしても明るい展望は描きにくい。そうしたデメリットを考えると、私は自動運転に反対せざるを得ない。できるなら実現しないでいてほしいと思います。

とはいえ、技術の進歩を止めることは不可能です。遅かれ早かれ、自動運転技術は完成します。時間はかかるかもしれませんが、高速道路だけでなく街中の道路まで完全自動運転ができる日は、いつか必ずやってくるのです。

私たちにできることは、いずれ起きるイノベーションに備えたり、社会の仕組みをアジャストさせたりするだけです。それによって混乱を最小限に抑えることができれば御の字です。

実はその点で日本、とくに東京は有利な環境にいます。世界でも東京ほど交通インフラが発達している都市はないからです。

いまロサンゼルスや上海、ジャカルタといった都市では道路の渋滞が問題になっています。渋滞は社会的損失です。車が進まない間は何もできませんから、時間を浪費して生産性を落とすだけです。こうした都市では自動運転のニーズが高く、否応なく有人から無人へと切り替わっていくでしょう。

一方、東京をはじめとした日本の都市は快適です。もちろん渋滞が皆無ではありませんが、先ほどあげた都市とは比べものにならないくらいのレベルです。

東京は世界でも有数の人口を抱える都市です。にもかかわらず渋滞に悩まされないのは、公共交通網が発達しているからです。多くの人は、自宅と勤務先を電車と徒歩だけで移動することができます。車に乗る必要がない人が多いので、道路が空くのです。

とくに地下鉄網がすごいです。バブルが崩壊してインフラ投資が難しい時期でも、南北線、大江戸線、副都心線というように新しい路線を開業させています。苦しい中でもインフラ投資を続けてくれたおかげで、いま私たちはひどい渋滞に巻き込まれずに済んでいます。

別の言い方をすれば、東京に住む人はすでに運転免許が不要の状態にあります。自動運転技術があってもなくても、あまり関係のない生活をしているわけです。

こうした都市では自動運転のニーズが低く、普及もなかなか進まないでしょう。普及のスピードがゆっくりならば、自動運転技術がもたらす悪い意味でのインパクトも軽減され、対応も比較的容易になります。

ＡＩやロボティクスの発達は各国の雇用に深刻な危機をもたらす可能性がありますが、自動運転にかぎって言うと、東京は最小限のダメージで済むでしょう。これはとてもラッキーなことです。

Q 東京五輪、日本にどんなチャンスがありますか？

A 「AI」より、「EI」で世界にアピールしましょう！

二〇二〇年の東京オリンピック＆パラリンピック。新国立競技場やボート・カヌー会場の件ですったもんだがありましたが、一件落着したようで何よりです。

会場問題が浮上したとき、「オリンピック後にレガシー（遺産）として何を遺すか」ということが関心の的になりました。

これは重要な問題です。オリンピックは良くも悪くも世界中が注目します。日本が遺そうとしているものを見て、世界の人々は日本を評価します。いいものを遺せば日本のプレゼンスは高まりますが、逆にくだらないものを遺せばジャパン・バッシングにつながってしまう。

では、日本は何を後世に伝えればいいのでしょう？

たとえばロンドン大会では、会場に隣接して巨大なショッピングセンターをつくりました。べつにロンドン大会を批判するつもりはありませんが、ショッピングセンター、いまさら日本に必要ですか？

どう考えても要らないですよね。日本にハコモノはもう十分過ぎるほどあります。世界的にも立派な施設は珍しくありません。そんなものを遺しても、レガシーとして輝かないと思います。

ならば、日本が誇る最新技術を世界にアピールすればいいのでしょうか。

それも選択肢の一つですが、私は今後、テクノロジーで差別化を図るのは難しい時代になると考えています。

日本のテクノロジーの歴史を振り返ってみましょう。イギリスで産業革命が起きたのは一八世紀でした。一方、日本はやや遅れて明治時代に入ってから産業革命が起こり、富国強兵政策を後押ししました。

そこから一〇〇年経って一九四五年に終戦を迎えた後は、製造業の時代になります。日本はものづくりの技術を磨き、「世界の工場」として存在感を発揮しました。日本の黄金期ですね。

　イケイケだった五〇年が過ぎて、バブル崩壊後はデフレの時代に突入します。技術的には、一九九五年の「ウインドウズ95」発売に象徴されるように、ＩＴやインターネットの時代になりました。

　しかし、インターネットが特別であった時代はもう終わりです。いま話題になっているのはＩｏＴ（Internet of Things）、モノのインターネットです。おそらく二〇二〇年には、あらゆるものがインターネットにつながるようになります。インターネットは社会のインフラとして定着して、それによって差別化できるような時代ではなくなるのです。

　こうやって振り返るとわかるように、テクノロジーのパラダイムシフトが起きる間隔は、一〇〇年、五〇年、二五年と短くなっています（図表39）。おそらく次のパラダイムシフトは東京オリンピック＆パラリンピック後に起きて、二〇三〇年過ぎにはまた別のテクノロジーが時代を変えていくはずです。

　さて、ひとまず二〇二〇年以降に主役になるテクノロジーは何でしょうか。

　いま予想されているのはＡＩとロボティクスです。この分野で日本はおそらくトップランナーになれるはずです。

　ただ、ユーザーはもはやテクノロジーがどの国のものであるかということを意識していません。たとえばアメリカの製品だからとiPhoneを購入する人はいないし、iPhoneの中

図表39 ｜ パラダイムシフトの間隔は短くなっている

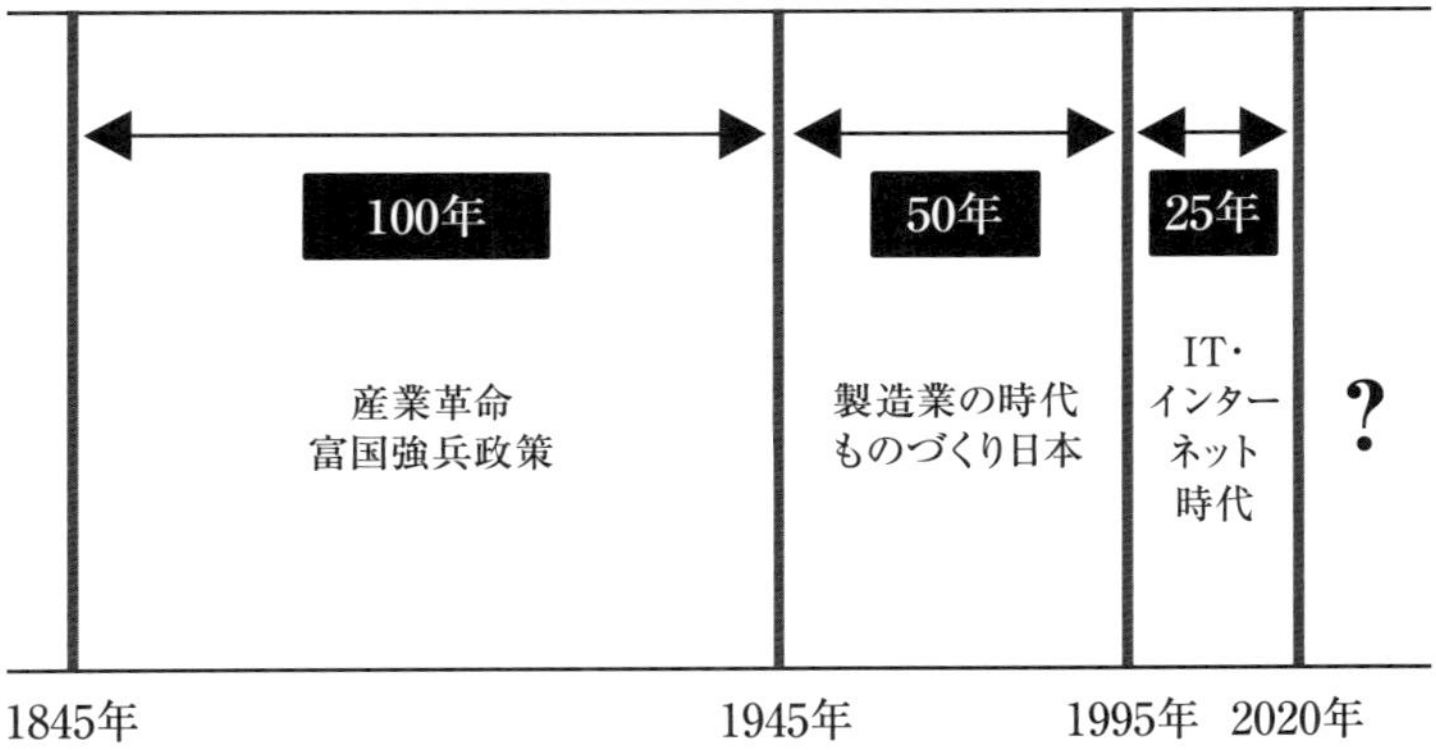

作成：イェスパー・コール

身の部品の多くは日本のメーカーで、組み立ては中国です。本当の意味で、すべてがグローバルです。

こうした時代に、テクノロジーは強い訴求力を持ちません。日本がＡＩとロボティクス分野で優位性があり、それを世界に向けてアピールしたところで、

「Ｓｏ ｗｈａｔ、だから何なの？　どこの国だなんて関係ないよ」

といった反応しか返ってこないでしょう。

ハコモノもダメで、テクノロジーも訴求力がない。それらを除くと、もう日本に自慢できるものはない？

とんでもない！

日本には豊かなリアリティがあるじゃないですか。

私の知るかぎり、日本は"most sensorial place on the earth"、世界でもっとも五感を楽しませてくれる国です。

季節には四季があって変化に富み、食べ物は繊細で、伝統文化からポップカルチャーまで刺激に満ちていて、なんといっても人にホスピタリティがある。こんな国は他にどこにもありません。

とくに強調したいのは、フェイス・トゥ・フェイスで伝わってくる人の温かさです。東京・大手町には新しいビルが続々と建っています。似たようなビルが建つものだから、タクシーの運転手さんも迷ってしまうのだとか。

でも、ビルの中に入ってしまえば迷いません。建物ごとに受付の女性がいて、親切な対応をしてくれるからです。もし自分がいまどのビルにいるのかがわからなくなって「東京駅はどっちですか」と尋ねても、彼女たちは嫌な表情一つ見せず道順を教えてくれます。

こんなに温かい対応が標準になっているのは日本くらいのものですよ。他の国は無人か、人がいてもガードマンが難しい顔をして立っているだけですから。

五感を通して伝わってくる楽しみは、バーチャルな世界で得られるものと対極にあります。バーチャルが提供してくれるものは、いまや国境を越えてどこでも楽しむことができますが、五感を通したリアリティは、その場にいなければ楽しめません。

世界各国がこれから差別化を行うとしたら、リアリティ分野での競争になるでしょう。言い換えるなら、「AI」ではなく「EI」(Emotional Intelligence=心の知能)の競争です。日本はEIでトップクラスの競争力を持っています。日本が二〇二〇年以後の世界に向けてアピールするとしたら、この部分じゃないでしょうか。

知っていましたか?

日本では二〇二〇年の大会を「東京オリンピック&パラリンピック」と言っていますが、パラリンピックをオリンピックに並列させて紹介しているのは日本だけです。北京でもロンドンでもリオデジャネイロでも、人々は「〇〇オリンピック」としか呼ばず、パラリンピックは無視されるか、オマケのような扱いしか受けません。私は、こうした呼び方ひとつにも日本のEIの高さがあらわれていると思います。

まさに東京オリンピック&パラリンピックは、日本のEIの高さを発信する格好の舞台です。ぜひこの機会を活かして、日本の素晴らしさを伝えてもらいたいと思います。

Q

日本は欧米型経営をもっと見習うべきですよね?

A

新幹線に乗るとわかる、素晴らしき日本型経営

日本に来て驚いたことの一つに、新幹線の車内販売があります。

ドイツの高速鉄道ＩＣＥにも車内販売はあります。でも、ドイツの売り子さんはたいてい男性で、日本のように美しくて愛嬌のある女性がサーヴしてくれるわけではありません。

なんといっても違うのは値段です。新幹線で売られているペットボトルの水やお茶、ジュース類は、すべて一〇〇円台です。細かく突き合せたわけではありませんが、街中の自動販売機で売られている値段とおそらく同じです。

一方、ドイツのＩＣＥでは、自動販売機で売られている値段の約三倍の値段がついてい

ます。私はそれが普通だと思っていたので、新幹線の車内販売でジュースを買って心底驚いたわけです。

どうしてドイツでは三倍の価格で売られているものが、日本だと同じ価格なのか。

背景にあるのは日本型経営です。

普通の企業経営は、資本を出資している株主の利益を第一に考えます。株主に儲けてもらうためには、ＲＯＥを高める必要があります。そのためであれば、不振の事業から撤退したり、デキない社員のクビを切ったりすることもやぶさかではない。それが世界に広く浸透している資本主義です。

資本主義にもとづけば、値付けも利益が最大化するように行うのがあたりまえです。新幹線の車内では他のお店という選択肢がなく、競争の原理が働きません。自由競争ではないので、売り手は強気の価格設定ができます。だからドイツの車内販売はマージンをたっぷり乗せて、自販機の三倍の値段で飲み物を売っているのです。

一方、日本型経営は、顧客の利益を第一に考えます。本当はドイツと同じようにマージンを乗っけてもお客さんに買ってもらえるはずですが、それではお客さんが必要以上にお金を払うことになる。「お客様は神様です」がスローガンになっている日本で、暴利をむさぼるなんてありえません。事業継続のために黒字にすることは前提ですが、それをクリアできれば無理に儲ける必要はない。だから値段が据え置きなのです。

言い換えるなら、外国では株主に還元している利益を、顧客に還元するのが日本型経営と言えます。新幹線の場合は低料金という目に見える形で顧客に利益を還元しましたが、他にも欧米なら別料金を請求するサービスを無料でやってくれたりします。有形無形、さまざまな形で顧客を満足させてくれるのが日本型経営です。

日本型経営を実践すれば、どうしてもROEは低くなります。顧客に満足してもらうために、欧米ならムダといわれるところにもコストをかけるからです。

日本企業の弱点はROEの低さであり、改善したほうがいいという考えには私も同意です。ただ、それは働き方の生産性を高めることによって実現すべきです。顧客の利益になるものを削ってまでROEを高めたほうがいいとは思いません。

私は、ROEを高めて株主に利益を還元するより顧客の利益を優先したほうが、社会全体の効率が良くなると考えています。

普通の企業経営で儲けることができるのは、資本を持った株主だけです。他のプレーヤー、つまり顧客や従業員は資本家から搾取されるいっぽうです。その結果、格差が拡大して社会が不安定化しています。社会が不安定になれば、治安を維持するためのコストが膨らみ、社会保障費も余計にかかります。企業は効率的に運営されているかもしれませんが、社会全体としてマッチポンプ状態。自分で火をつけて自分で消火に当たるのですから、とても非効率です。

それに対して、日本は企業が顧客に利益を還元することで国民の生活をサポートしています。だから社会が安定していて、社会を維持するためのコストも比較的少なく済んでいます（社会保障費が年々増大しているのは高齢化によるものであり、格差のせいではありません）。

普通の企業経営と日本型の企業経営、いったいどちらが幸せに暮らせるでしょうか。もう答えは出ていますよね。

日本のみなさんは、いま幸せなので自分たちがどれだけ恵まれた環境にいるのか気がつかないかもしれません。

しかし、世界と日本の両方を知っている人の多くは、

「日本がうらやましい。われわれは行き過ぎた資本主義を是正して、日本の企業と国民の関係を見習うべきだ」

と言っています。

私も同感です。資本主義が生み出す歪みは、これからますますひどくなるでしょう。かといって高負担・高福祉の社会主義に舵を切れば、経済の活力が失われます。これからの時代、世界がお手本にすべきは日本型経営です。日本人は、そのことについてもっと胸を張っていいと思いますよ！

本当は世界がうらやむ最強の日本経済

2017年3月30日　第1刷発行

著　者　イェスパー・コール
発行者　長坂嘉昭
発行所　株式会社プレジデント社
〒102-8641　東京都千代田区平河町 2-16-1
平河町森タワー 13階
http://www.president.co.jp
電話：編集 (03)3237-3737
販売 (03)3237-3731
編　集　木下明子
構　成　村上 敬
編集協力　向山 勇
制　作　田原英明
販　売　高橋徹　川井田美景　森田巌
遠藤真知子　塩澤廣貴　末吉秀樹
装　丁　竹内雄二
図版作成　大橋昭一
印刷・製本　株式会社ダイヤモンド・グラフィック社

ISBN978-4-8334-5115-4
Printed in Japan